U0584432

侨界杰出人物故事丛书

杨匏安的故事

萧丽容　李梓烽◎编著

中国华侨出版社
·北京·

图书在版编目（CIP）数据

杨匏安的故事 / 萧丽容，李梓烽编著. -- 北京：
中国华侨出版社，2025.7
ISBN 978-7-5113-8945-9

Ⅰ.①杨…　Ⅱ.①萧…②李…　Ⅲ.①杨匏安
（1896-1931）－生平事迹　Ⅳ.①K827=6

中国版本图书馆 CIP 数据核字（2022）第 244978 号

杨匏安的故事

编　　著：萧丽容　李梓烽
责任编辑：桑梦娟
封面设计：何洁薇
经　　销：新华书店
开　　本：710 毫米×1000 毫米　　1/16 开　　印张：12　　字数：176 千字
印　　刷：北京鑫益晖印刷有限公司
版　　次：2025 年 7 月第 1 版
印　　次：2025 年 7 月第 1 次印刷
书　　号：ISBN 978-7-5113-8945-9
定　　价：59.80 元

中国华侨出版社　　北京市朝阳区西坝河东里 77 号楼底商 5 号　　邮编：100028
编 辑 部：（010）64443056-8013　　　　发 行 部：（010）64443051

如发现印装质量问题，影响阅读，请与印刷厂联系调换。

目 录

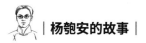

第一章

少年家贫
勤学苦读

1

香山地灵，培育开放胸怀

清光绪二十二年十月初二（1896 年 11 月 6 日），广东省香山县南屏乡北山村，杨姓大族长房、二十二代传人杨富祥的妻子陈智产下一子，按第二十三代传人为"麟"字辈，取名麟焘，后又名匏安。

杨匏安的家乡香山县，是广东的一个古县，于南宋绍兴二十二年（1152 年）正式设县，是一个历史悠久、人才辈出的地方，主要地域包括今广东省中山市、珠海市、澳门特别行政区及广州市、佛山市部分地区。香山县南屏乡北山村，今属珠海市香洲区。

香山，地处珠江口西岸，东水连香港，南壤接澳门，地理位置优越，得西学风气之先。澳门口岸，是东西方经济贸易最先开始的通道。明朝政府于 1535 年就在澳门城设立了海关课税。西式医院、教会学校、西式大学相继建立。澳门地区对香山地区的辐射作用无可否认，长期的商务贸易活动带来文化元素新的重构，对外开放以及走向世界的意识得以普及。香山人是近代中国最早全面感受西方社会文化，并转化为自尊自强、求新求变强大动力的群体之一。这样的开放性使明朝已经开始的移民活动在清朝更加兴盛，许多人远涉重洋，接受南洋文化和欧美文化，澳门及香山地区成为东西方经济贸易的重要通道，也逐渐成为东西方文化交流融汇的平台。

香山人身上既有岭南文化的内敛包容，又有海洋文明的开放与创新。在香洲这块土地上，早在 20 世纪的前 30 年，便出现了两次"开埠"。近现代以来，香山地区又成为中国留学文化的发祥地。中国第一个留美学生容闳、第一个留英学生黄宽、第一个留日学生唐宝锷，均为香洲人。中国近代史上的两次官派留学运动，均由珠海人所倡导：第一次官派留学是容闳促成，派了120名幼童留美出洋，产生了中国铁路之父詹天佑、民国首任总理唐绍仪等中国近代史上的著名人物，首批留美幼童中香山籍占一半，其中香洲人有24位。容闳是第一个毕业于美国名校——耶鲁大学的中国留学生。在清末洋务运动中，他参与创建了中国近代第一座完整的机器厂——上海江南机器制造总局。在中国近代西学东渐、戊戌变法和辛亥革命中，容闳也都有不可磨灭的贡献。第二次官派留学运动是由香洲人唐国安主持，曾先后选送100多名学生用"庚子赔款退款"留美出国，产生了梅贻琦、竺可桢、胡适等中国现代史上的著名人物，珠海的香洲也因此获得"中国全球化的起点站"的美誉。

香山文化中蕴含的思想文化，甚至成为近代中国思想启蒙和思想解放的摇篮。郑观应是中国近代最早体系化提出维新思想、宣传民主与科学的启蒙思想家。郑观应的著作有《盛世危言》《易言》等。其中《盛世危言》一书首次要求清廷"立宪法""开议会"，实行立宪政治，在我国首次使用"宪法"一词，由此开启了中国最高法意义上的宪法理念时代。书中还主张习商战、兴学校，对政治、经济、军事、外交、文化诸方面的改革提出了切实可行的方案，是以富强救国为核心的变法大典。光绪皇帝看到此书后，下令印刷2000册，分发给大臣阅读。这部著作问世后社会反响很大，时人称此书为"医国之灵枢金匮"，影响了康有为、梁启超、孙中山、毛泽东等人。"起共和而终两千年封建帝制"的伟大的民主革命先行者孙中山，倡导三民主义，创立《五权宪法》，留下《建国大纲》《三民主义》《建国方略》等启迪民众、影响深远的巨著。他领导民主革命，推翻清王朝，终结了中国两千年的封建帝制，创立了东方第一个民主共和国；他全面而系统地勾画了中国近代化的宏伟蓝图，展现了历代中国人所憧憬的"大同理想"美景。他的思想至今仍闪烁着真理的光芒。

杨匏安就是在人杰地灵、山清水秀、开放包容的香山县成长起来的。他出生所在的村是南屏乡北山村，南屏乡背倚将军山麓，与澳门一水之隔，数百年来是我国与海外通商和文化交汇的通道。因地处一条冲积而成的沙脊尾部，故称沙尾。清嘉庆七年（1802年），传说斗门的沙尾咀村民作乱，官府派兵镇压，误将沙尾当沙尾咀，后得以澄清，遂将沙尾改为南屏，以示有南方屏障之意。南屏与澳门仅一河之隔，这条河叫"前山河"，地势险要，是海防的战略要地。

北山村，地处珠海市将军山下竹仙洞与濂泉洞之间，面向前山河，距澳门仅3公里，是一个已有780多年历史的古老村庄。据说，该村的杨姓原是北宋名将杨文广的一支后裔。北山的东面邻近伶仃洋，在珠海出口处一带，曾是宋末杰出人物文天祥、陆秀夫、张世杰抗击元军的古战场。澳门自明嘉靖三十二年（1553年）为葡萄牙租借，300多年间已成为华南对外贸易的门户。自鸦片战争以来，由于国家积弱，珠江口沿海地区常受到英国与葡萄牙殖民主义当局的侵扰，其中南屏、前山、湾仔三乡首当其冲。南屏北山杨族继承杨家将的爱国传统，在当地起着维护海疆、打击侵略者的作用。如清末民初的杨云骧、杨镇海父子和杨应麟等保乡卫国的英雄事迹，至今仍在乡中传颂。

杨匏安从小就聪明好学，少年时就显露出卓越的才华，这与家乡良好的环境有密切的关系，他的童年和少年时代都是在家乡度过的。

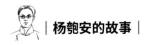

杨家是南屏地区的一个大家族，有着悠久的历史。北山村拥有丰富的历史文化遗产。在南屏北山村，有一座杨氏宗祠——杨氏大宗祠，建于清同治七年（1868年），保存完好。整体建筑风格宏伟。主楼由南向北，进深三间，宽五间，位于青云巷两侧。山墙屋顶，绿砖墙，中轴线对称布局，吊梁穿斗混合木框架，装饰有石雕、砖雕、木雕、灰雕等，工艺精美。现为省级文物保护单位。

杨氏大宗祠内有几副寓意深远的精美对联，其中一副与众不同：上联为"余文泗守警英敦 规则呼和于允如"，下联为"浩若功仁贻祖训 祥麟威凤善慈孙"。这副对联，一般人很难明了其中意思，只有杨氏子孙才懂得其中秘密——原来杨家历代子孙都按对联顺序取名。杨氏在北山村的老祖宗就属"泗"字辈，名泗儒。杨匏安的祖父属"训"字辈，名训常；杨匏安的父亲属"祥"字辈，名富祥；杨匏安属"麟"字辈，名麟焘，所以有村民尊称他为"焘哥"。"匏安"是他发表文章用的笔名，参加革命后便成了他常用的名字。

关于"匏安"名的由来，据1925年参加革命工作、与杨匏安相熟的吴紫铨回忆：杨匏安最初在报刊上发表文章，多用寒灰作笔名。寒灰即烟火熄灭的冷灰，《三国志》中有"起烟于寒灰之上，生华于已枯之木"之语。唐代诗人韦应物也写过"心事若寒灰"的诗句，表明其对世事心灰意冷。杨匏安最初以寒灰作笔名，并非像韦应物那样对事物心灰意冷，而是对旧事物表示不满。他要用自己的生命之火点燃寒灰，使它复燃，真正"起烟于寒灰之上"。匏安取义于《论语》中的"吾岂匏瓜也哉，焉能系而不食"，有自安于匏瓜的意思，借以避免引起反动当局的注意，便于开展革命宣传工作。

2
母亲启蒙，孕育家国情怀

杨家在北山村是大户人家。杨匏安祖父育有 13 个子女。香山人得西方风气之先，有很多人到海内外各大城市经商、打工或移居。杨匏安祖辈从商，曾祖父杨祖昌是香山有名的商人，靠经营茶叶、布匹、丝绸和瓷器发家。祖父杨训常随父到南洋群岛、锡兰、印度和拉丁美洲经营生意，把生意做到了境外国外，近则到日本和南洋群岛，远则到欧美、大洋洲，获利甚丰。

鸦片战争后，西方资本主义国家利用侵略特权，疯狂地向中国倾销商品和掠夺原料，逐渐把中国市场卷入世界资本主义市场。国外廉价的棉布、棉纱，充斥中国东南沿海市场，使中国东南沿海家庭手工棉纺织业逐渐破产。中国茶、丝出口贸易，几乎全部为外商所操纵，使中国茶、丝生产服从于世界市场的需要，成为外国资本主义的原料供应地。杨匏安出生时祖父已去世，杨匏安的父亲杨富祥接管了祖父的生意，以贩卖茶叶为生，但因不善经商，再加上鸦片战争对中国经济的影响，家境日渐衰落。杨富祥郁郁不得志，过早就病殁了，全家人仅靠母亲缝纫维持贫寒的生活。家庭的变故，让小小年纪的杨匏安感受到了世态的炎凉、生存的艰辛。

杨匏安的母亲陈智，有良好的知识素养，工诗词书法，秉性刚强正直。杨匏安在三四岁时即由母亲教诵诗词古文，打下了深厚的国学基础。

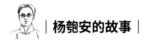

陈智，1870年出生于香山县三乡古鹤村一家望族。其父陈世棠是香山县著名的侨商、官绅。陈智有4位母亲、14个兄弟姐妹，她聪明过人，幼随兄长在家塾读书，知书达礼，是个受过旧式教育的妇女，除熟习唐宋诗词外，还从小练就了好书法，精通针线女红，是当地的才女。与杨福祥结婚后，曾产下9个胎儿，但只养活了杨匏安一人。丈夫早殁，人丁单薄，家庭经济衰败，陈智常受族人的欺负和歧视。但陈智秉性刚强，虽家境败落，却不愿接受亲房和母家的嗟来之食，她夜以继日地做女红，借以维持家计。

杨匏安有个庶母关秀英，原是陈智的陪嫁婢女，她心性善良、勤劳纯朴，负责一家里里外外的粗活。农忙时，她还到外边打零工，帮陈智操劳全家生计，她善良且吃苦耐劳的品性也影响了杨匏安。

杨匏安的成长，离不开母亲严格良好的家庭教育。他虽然是母亲陈智唯一的孩子，备受疼爱，但母亲从不溺爱他。杨母对儿子要求严格，从小教育孩子不贪小便宜，不欺骗他人，不做损人利己的事。母亲是杨匏安最早的启蒙老师，在杨匏安小的时候，母亲经常给他讲英雄人物的故事，刚学会说话，就教他背诵儿歌，朗诵唐诗宋词。杨匏安3岁起就在母亲膝上通读《诗经》和《唐诗三百首》，"幼时颇有诗癖"，尤其是对五言唐诗情有独钟，诗人杜甫《望岳》"岱宗夫如何？齐鲁青未了。造化钟神秀，阴阳割昏晓。荡胸生曾云，决眦入归鸟。会当凌绝顶，一览众山小"等诗句，杨匏安倒背如流，终生不忘。儿时的杨匏安，在品行上还受到母亲的悉心教导，陈智生长在官宦之家，对传统道德观有较强的理解和认同，她秉性刚直、敢作敢为，对杨匏安的教育尤其严格，经常身体力行地教他做人做事要有担当、正直，为人处世要公正。母亲教他诗词歌赋的同时，还讲述岳飞、文天祥、谭嗣同等历史人物的故事，让儿子学会明辨是非忠奸，为人要有气节，做事要公正无私。她还向孩子们讲述了帝国主义列强对中国瓜分、侵略的种种罪行。杨匏安有一位堂叔，叫杨章甫，只比杨匏安大两岁。他们两个年纪相当，一起求学、一起求职，之后还一起走上了革命道路。陈智还专门抽出时间，带着杨匏安和杨章甫到澳门附近，参观了望厦村。望厦村是澳门城外的一个小村，1844 年美国软硬兼施、采用讹诈的手段，强迫清政府签订《望厦条约》，使美国获得比英国更多的在华特权，严重损害了中国的主权和领土完整，加深了中国的半殖民地化程度。这样的现场教育给年幼的杨匏安和杨章甫留下了深刻的记忆。陈智严于律己，凡事以身作则。在杨家老屋里有一口甘泉水井，过去村里人都习惯来杨家挑水食用，一天杨匏安放学回家，在井台上拾到一条金项链，他交给母亲，母亲问他如何处置，杨匏安说："那是别人的东西，要快点归还别人。"于是母亲就带着他，拿着金项链逐家查问，最终物归原主，受到村民的称赞。

正是家乡丰厚的人文底蕴和家庭良好风气的熏陶，使杨匏安养成了好学上进、为人诚实善良、处世刚正不阿的高尚品格。

岭南攻读，初受革命激励

杨匏安幼时在杨家大宗祠读私塾，入学不久就能背诵《三字经》《千字文》《百家姓》等启蒙课文。陈智为了让儿子得到更好的教育，找到叔父杨训秩，商量把杨匏安和杨章甫送到村外的学校读书。两家到处筹钱，到1903年，杨匏安7岁，他和比他大两岁的堂叔杨章甫一起被送到离北山村数里远的前山寨恭都学堂（今珠海市前山中学）读书。前山寨是明清时期设于香山县境内南部距离澳门大概二十公里远的一处城寨，用以防范葡萄牙人的侵扰。清末时，香山南屏、前山翠微、古鹤一带被称为恭都。恭都毗邻澳门，地处海滨，靠近伶仃洋。南宋抗元英雄文天祥粤东兵败被俘，宁死不降，被元军押往崖门，途经伶仃洋，写下了《过零丁洋》一诗，留下了"人生自古谁无死？留取丹心照汗青"的千古绝句。南宋丞相陆秀夫与元军海战，全军覆没，在新会崖门背负幼帝赵昺跳海殉国，海上浮尸数万，堪称历史罕见的悲壮场面。元人姚璉写了《题陆秀夫负帝蹈海图》，赞颂陆秀夫"丹心犹数中兴年""流芳千古更无前"。这些曾经发生在家乡的史诗，对杨匏安起着十分重要的潜移默化的作用。杨匏安在学堂里尊敬师长、勤学苦读，学习成绩优异，10岁左右就能文善诗，才华早露，经常受到师长亲友的夸奖。在入读恭都学堂第二年，因学习成绩优异获得每月数元钱的"膏火"（灯油）奖励。有的乡亲甚至视其为"神童"，说他将来前程无可限量。他在后来写的《诗选自序》中说，少年时"乃谬以诗古文辞见称朋旧"，可见杨匏安在学校邻里中早就小有名气了。

恭都学堂的历史可以追溯到 1754 年创建的凤山学社，凤山学社因坐落在凤凰山下、中山亭旁而得名。虽是知县彭科倡建，但实际的创建者则是一名叫魏绾的官员，时任广州府海防军民同知。在魏绾的主持下，创建了凤山社学，1757 年凤山学社改为凤山书院。经魏绾努力，彭科在县属公产田中给书院"膏火田"，解决了书院的办学经费问题。1901 年，留日学生、维新派张玉涛等人回到家乡香山，主张改革旧学制，开设英文、格致科（自然科学）。1903 年，凤山书院率先开设英文课。杨匏安后来翻译西方著作的英文基础就是在这里打下的。同年，凤山书院改名为恭都学堂。1905 年清政府废除科举制度，恭都学堂从尊孔读经转变为学习科学文化知识。

在恭都学堂求学期间，杨匏安除了学习到各种知识，还经历了与当地人民一起进行反抗外国殖民主义者的斗争。同盟会也从澳门分部派了一批香山籍的会员来学堂任教，学校成为同盟会的秘密据点。杨匏安听到了不少革命党人关于西方列强侵略和企图灭亡中国，清政府腐败无能和独裁统治、武力镇压老百姓的宣传，虽然他年纪尚小，但已经知道中国人民处于水深火热中，中国必须寻找一条新的道路。

杨匏安在这所历史悠久的学校，受到了良好的教育浸润。学校立有广雅书院文学馆分校及学堂学长黄绍昌创立的石刻校训：

一、立志；二、立诚；三、立品；四、正学；五、明经术；六、攻史学；七、屏外务；八、戒虚声；九、正文体；十、习书法。

黄绍昌是香山县著名的文人大家，在国学诗文、教育、绘画等方面颇有声望。杨匏安读了不少他的诗文著述，国学水平突飞猛进。

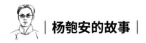

1908年秋，杨匏安小学毕业后，家里为了让他能继续深造，变卖了用来维持生计的几亩地，筹款让他到广州上学。杨匏安不负家人重托，考进名校——广东高等学堂附中。杨章甫也一同考进此校。

广东高等学堂，是当时华南比较富于革新精神的学府之一。它的前身是广雅学院，为清朝两广总督张之洞所创办。学校坐落在广州西村，教学设备好，师资素质高，环境清静，是学生们既向往又不易考取的名校。学校礼堂上悬挂着张之洞撰写的对联："虽富贵不易其心，虽贫贱不易其行，以通经学古为高、以救时行道为贤。"这实际上是引导师生的校训。

中学就读期间，杨匏安的家乡爆发了一场反对外国侵略者的斗争——抵制葡萄牙殖民者扩大租界的图谋。领导这次民众斗争的人，正是杨匏安的叔祖父杨应麟。1909年3月8日，杨应麟召集香山县绅商学界人士300余人，在南屏乡北山村成立"香山县勘界维持会"。杨应麟被推举为会长，带领民众进行抗争。维持会向澳门葡萄牙当局提出：水界方面，澳葡方不得有领水权，全部水界属中国，只允许葡船行驶；陆界方面，以澳原有围墙为界，收复围墙外的葡人占地，绝不允许葡人占领澳门以外的中国领地。3月下旬，全省各界人士在广州成立"广东省勘界维持总会"，香港等地相继成立了分会。杨匏安第一次投身于维护国家主权的民众运动，他和杨章甫在爱国教师的带领下，一起制作标语、印发传单，还参加群众的集会示威活动，声讨葡萄牙的侵略行径。这个时候的杨匏安知道国家正面临外国的侵略，民族主义情绪日益高涨。

杨匏安就读的广州，是中国民主革命的策源地，是革命先行者孙中山从事革命的根据地。杨匏安在那里上学，受到了有革命倾向的教师的影响。在该校任课的黄节是诗人，为宣传革命，于1902年至1907年，先后参与创办和赞助创办了许多革命刊物和革命团体，如《政艺通报》《国粹学报》《神州日报》，以及国学保存会、国粹学社、南社等。他治学严谨，与梁鼎芬、罗瘿公、曾习经合称为"岭南近代四大家"，他的革命行动以及讲授的课程，对杨匏安产生过比较大的影响。

杨匏安求学期间还读了革命党人邹容的《革命军》、陈天华的《猛回头》与《警世钟》等文章，深深为他们献身革命的大无畏精神震撼。

当时，孙中山领导的革命如火如荼。1911年春在广州发动的起义，给杨匏安留下了终生难忘的记忆。

1910年11月，黄兴到广州领导起义。1911年1月底，在香港成立统筹部，组织各地精英，并确定起事时间。4月26日起义打响，因风声走漏，起义人数锐减，在寡不敌众的情势下，黄兴率队拼死奋战突围，起义者大部分壮烈牺牲。

此时的杨匏安耳濡目染，受到有革命倾向的教师和进步人士的影响，从而在心里埋下了革命的种子，产生了救民于水火的理想抱负。烈士们英勇献身的革命精神，深深震撼了杨匏安，也激励着杨匏安。

广州起义失败后不久，1911年10月10日，武昌起义爆发，各省纷纷响应，推翻了清王朝的统治。民国初年，广东高等学堂附中改为省立第一中学，即今天的广雅中学，学校开始了改革，开设了数学、物理、化学、生物、日文等新课程。日文这一科目，杨匏安很有兴趣，用心学习，读写皆精，日语课为他后来旅日打下了良好基础。正当杨匏安一心向学之时，家中发生变故，当年夏天，久病的父亲因无钱医治不幸病逝，杨匏安未能回家尽孝，留下终身遗憾。

第二章
初入社会
勤于笔耕

1

直面现实，首次蒙冤入狱

1912 年秋，16 岁的杨匏安以优异成绩从广东省立第一中学毕业，结束了难忘的中学生活。毕业后，他原本有意继续读书深造，但因家中经济困难，无法实现，所以不得不去找一份工作，以帮补家庭。

杨匏安在亲朋好友的帮助下，回到母校恭都学堂，担任教员。他以满腔热情，开始了为人师表的生涯。

杨匏安离开恭都学堂的这些年，学堂的影响力也越来越大。其间就发生过一件大事——1912 年 5 月 27 日，孙中山辞去大总统职务后，由澳门返回家乡翠亨村，专程到前山地区去看看。当天，恭都学堂的师生和乡民数千人夹道欢迎，在恭都学堂学监（校长）刘希明的恭迎下，孙中山在恭都学堂操场即席发表演说，高度赞扬前山人民反抗外来侵略的精神，号召大家万众一心，实现共和，建设国家，保卫国土。孙中山还与现场的师生以及前山各界人士在恭都学堂校门前合影留念。接着，孙中山应刘希明和香港汇丰银行总经理、前山人刘伴樵的邀请，为前山群众筹建的中山纪念亭动土奠基。中山纪念亭是我国最早纪念孙中山的建筑物之一，也是恭都学堂师生倍感荣光的一件事。

面对从学生到教师的身份转变，杨匏安充满了信心和干劲。他见多识广又耐心细致，还很注重科学教学方法，受到学生和家长的一致好评。他们亲切地称呼他为"先生仔"（粤语，意为小先生，即年轻但有学问的好

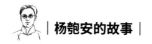

老师）。

杨匏安以他的学识向学生"授业"，教学中循循善诱，事事身体力行，率先垂范。他与同事们相处融洽，彼此谈论国家大事，讨论教学问题。可不久，正直、善良而又单纯的杨匏安，被卷入一桩冤案，遭遇人生第一次重大挫折，真可谓"性格决定命运"。

原来杨匏安在恭都学堂任教的这段时间里，总是不能按时领到薪水，有时甚至还会因各种缘故被克扣。刚开始时，他以为学校财政有困难，也就没说什么。但后来跟其他教师聊起来，人家都觉得事有蹊跷。特别是同校任教的吴为汉、杨章甫，三人深入交流后，更感愤愤不平。

果然，经过他们三人的深入调查，发现问题竟然出在学校校长刘希明身上。刘希明曾留学日本，并参加了同盟会。在辛亥革命前，他与陈自觉、苏默斋等人受同盟会派遣回前山，以教学为掩护，组织武装起义，为革命作出过贡献。但在武昌起义成功后，刘希明便以"功臣"自居，贪污挥霍，甚至欺压同僚，贪赃枉法，为所欲为。就是因为他把学校经费据为私有，拿去放高利贷了，教师的薪金才会被拖欠和克扣。

知情的教师向杨匏安等三人披露了事情真相。掌握了刘希明的大量罪证后，杨匏安三人向香山县教育局状告刘希明的恶行。但老奸巨猾的刘希明利用关系，跑到香山县府，反诬三人结成团伙，扰乱学校教学秩序，图谋不轨，还收买了有关官员，把三个无辜的青年投进大狱。这是杨匏安第一次蒙冤入狱。

三位血气方刚的年轻人被捕入狱后，他们的家人立即到县政府喊冤，揭发刘希明诬陷青年、贪赃枉法等事实。深知儿子蒙冤的杨母陈智，为了营救儿子，还自己写了诉状，四处奔走，向人求情。迫于社会舆论的压力，香山县当局不得不将三人释放。事后，他们无法再回校教学，只好另寻出路。

揭发不成反入狱，正义的缺席和官场的腐败让年轻的杨匏安深感世态炎凉和社会黑暗，开始转向对个人、对社会、对国家更深的关注和思考。

入狱，是杨匏安人生经历的一个转折。经历入狱之后，涉世不深的杨匏安认识了社会的黑暗，增添了他对吞食民脂民膏的"官仓老鼠"的痛恨。入狱致使杨匏安丢了"饭碗"，他无法再回校任教，被迫东渡日本，却因此有机会开阔视野。

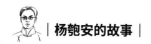

2

被迫东渡，接触马列思想

家人为杨匏安筹措了路费，在一名华商的帮助下，1915 年，他与杨章甫、吴为汉登上开往日本的货轮，来到了横滨谋求新出路。

横滨是当时日本最大的国际港口，又是旅日华侨最集中的地方。1895年，孙中山东渡日本，结识侨商共同成立了兴中会横滨分会。戊戌变法失败后，康有为、梁启超流亡日本，梁启超先后在横滨创办了《清议报》《新民丛报》，介绍西方各国近代政治思想和学说，为改良活动摇旗呐喊。此外，改良派还在横滨创办了大同学校，建立新学制、讲授新知识，成为近代华侨学校之始。杨匏安到横滨后，既接受新思想、新文化，又受到革命精神感染，为他日后进行思想启蒙，从事革命活动打下了基础。

当时有许多香山人在横滨从事贸易活动。杨匏安等三人到了横滨，本打算投奔吴为汉的姐夫。不料他们被视作"图谋不轨"的"监犯"，吴为汉的姐夫不愿收留杨匏安和杨章甫。两人远在异国，举目无亲，人生地不熟，无奈之下只好向中华会馆求助。在中华会馆帮助下，他们租住在简陋的小阁楼，暂时安顿下来，靠找些零活干，挣的钱还不够糊口，他们只得变卖了身上值点钱的物品。

为了挣点生活费，他们将自己的遭遇写成小册子，以《如此》为名，油印出售。这样，还可以向华侨揭露刘希明的罪行和地方官员的腐败，控诉军阀豪绅的罪恶，以洗雪他们的不白之冤。在那段日子，他们常受断炊之苦，更无钱交房租，听到楼梯的响声，便以为是房东来催租。杨匏安的"避债怕闻梯得得"诗句，即是彼时穷困与无奈的真实写照。

天无绝人之路。在异国他乡身陷困境的杨匏安正感无比绝望时，遇到了好心人。在他们租住房子的旁边有一间女子私塾，私塾主人叫潘雪箴，她是戊戌变法发起人康有为的堂弟媳。潘雪箴是一位温文尔雅的爱国女教师，知书达理、为人正直、乐于助人，她非常同情杨匏安等人在国内的遭遇，主动向学生推销《如此》，以解杨匏安等人的生活之困。由于对文学的共同爱好，她与杨匏安很快便成为忘年之交。杨匏安的好学上进，深得潘雪箴的赞赏。她在上课之余，常邀他和杨章甫到家中聊诗词歌赋，论时事政治，谈家国情怀，两位年轻人也因此受益匪浅。彼此之间既有诗文的唱和，也有对文学著作的鉴赏，还有对各种思潮的探讨。时间久了，连潘雪箴的儿子康佛、女儿康景昭（康若愚）也成了杨匏安的好朋友。

在横滨，杨匏安的物质生活非常匮乏，但精神生活却十分丰富。即便经常处于半饥饿状态，也没有妨碍他利用一切机会进行学习。没钱买书，他或向别人借阅，或到书店中阅读，坚持不懈。这段时间，他接触了大量的马克思主义日译本材料。

杨匏安的好学与上进，给潘雪箴的儿子康佛留下了深刻印象。1915年，同样爱好诗词古文的康佛还写了《虞美人·赠杨匏安》一词：

天涯听曲怜焦尾，傲骨真人子。小楼歌哭总相关，寄语唐衢莫不泪澜翻。

玄黄龙战天如醉，禹城狮方睡。春雷何日奋强音，惊破沉酣一试伯牙琴。

词中，康佛称杨匏安为"傲骨真人子"，体现了他对杨匏安的欣赏之

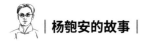

情。第一句的"焦尾"为古代名琴，与最后一句的"伯牙琴"呼应，寓意二人真挚的友谊。词中提到的唐衢是唐中叶的诗人，屡考进士不中，诗作大多伤感，人称"唐衢善哭"。"禹城狮方睡"指代中国这头雄狮正在沉睡。康佛鼓励杨匏安不要像唐衢一样"泪澜翻"，而要"奋强音""惊破沉酣"，振作精神，为唤醒雄狮而努力。

之后，杨匏安回赠《虞美人·和康佛》一词：

冲流自惜赪鲂尾，白眼无余子。小楼门设也常关，知己天涯谁复恨虞翻。

醺醺处处人皆醉，懊恼和衣睡。广陵今日有知音，累得阿侬重理旧时琴。

杨匏安这首回赠词与康佛词作的每一联尾字都是相同的，可见其写作之精心构思。第一句中"赪鲂尾"指鲂鱼奋力游动使尾巴变成红色，形容人负担过重。前两句的意思是经常怜惜自己困苦劳累，也常遭受目中无人之人的白眼。第四句中的虞翻是三国时期的吴国官员，多次向孙权进谏，不被重用。"处处人皆醉""懊恼"透露出杨匏安对祖国境遇的忧虑和对自己现状的不满。好在有康佛这样的知己好友，可以畅叙衷肠，也不至于太孤寂。

一次，杨匏安与康佛到公园散步，正值樱花盛开之际，杨匏安触景生情，作了一首回文词《菩萨蛮》，赠给康佛。这首词内容真切、意境深远：

鸟啼愁处红花笑，笑花红处愁啼鸟。

游客莫多愁，愁多莫客游。树摇蝉咽苦，苦咽蝉摇树。长夏困怀乡，乡怀困夏长。

随着时间的推移，潘雪箴一家与杨匏安的友情日浓。尤其是康若愚，她对杨匏安的才华和顽强不屈的性格十分钦佩，产生了爱慕之情。

在异国他乡，杨匏安的生活时常捉襟见肘，但他仍坚持不懈地学习。他的日文在国内上学时已有基础，到横滨后不久就能自如地阅读日文书籍了。经过19世纪60年代开始的明治维新，此时的日本已成为亚洲第一个走上工业化道路的国家，逐渐跻身于世界强国之列。19世纪末，包括马克思主义在内的各种西方思潮开始传播到东方，日本是最早接触这一思潮的国家。身在改革巨变的社会环境中，闻所未闻和见所未见的新学说常常令杨匏安感到新奇，他也常去图书馆和书店搜求并研读有关政治、经济、哲学和美学等方面的书籍，这就为他日后回国发表大量译著打下了基础。后来康若愚在《杨匏安小传》中也回忆说："杨匏安初到横滨时，常与国内的无政府主义者通信，以后整日跑书店阅读马列主义的日文译本。"

杨匏安在潘家的关照下，生活状况大为改善，学习则更加刻苦。可惜好景不长，1916年秋，潘雪簪患病，请杨匏安帮忙到私塾代课。岂料潘雪簪竟一病不起，临终前，她托杨匏安照顾康佛、康若愚兄妹，便溘然长逝。

潘雪簪去世后不久，杨匏安接到母亲重病、催其速返的电报，便结束了在日本的工读生活。杨匏安回国后才得知，原来是母亲为了催促他早日完婚而谎称重病，且家里已为他订了婚，对象就是同县翠微村姑娘吴佩琪。母命难违的杨匏安，虽与康若愚已有婚姻之约，也不得不忍痛割爱，他写了一封长信给日本的康若愚，向她解释发生的变故。在杨匏安完婚后，杨母陈智写信邀请康家两兄妹回国。返回国内的康若愚拜杨母为义母，与杨家一直保持密切联系，后来也走上了革命道路。

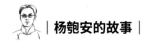

3
澳门从教，呼应思想启蒙

　　1916 年底，杨匏安从日本返回家乡，遵循"父母之命，媒妁之言"，和香山县翠微村的吴佩琪结了婚。吴佩琪家原是乡中望族，后来家境渐差。她虽文化程度不高，但性格温和，善解人意，擅长女红。婚后不久，杨匏安经熟人介绍到澳门印刷铺老板陈立如家中当家庭教师，住在澳门南湾。为了更好地照顾家庭，杨匏安把母亲和妻子接到澳门，还将失去母亲的堂弟杨应广（杨青山）带在身边，好让他接受教育。自此，杨匏安开始了一段以教学为谋生手段，课余传播新科学知识的生活。

　　当时的澳门，中西文化交汇，在那样一个文化氛围比较浓烈的环境里，杨匏安凭着自己广博的学识和优良的教学，不仅赢得了陈立如全家的赞赏，而且在澳门文化教育界崭露头角。

　　杨匏安到澳门后，与教育界、文化界人士交往，认识了同是广东籍的诗人群体：冯秋雪、赵连城、贺无庵、莫运公、黄沛公（黄沛功）等人，他们常在一起雅集畅游，吟诗作对。冯秋雪早年加入同盟会，是澳门著名文学团体"雪堂诗社"的发起者。诗社定期开展诗课，编辑月刊《诗声》，通过诗词来宣传国粹，成为当时澳门文坛一道亮丽的风景线。冯秋雪还曾在广东省立第一中学读书，是杨匏安的校友。黄沛公、莫运公、贺无庵等人也善工诗词，常在《诗声》上发表作品。他们以强烈的爱国情怀，为促进澳门文化发展作出了重要贡献。

这一时期，杨匏安与众多同好在一起登山、畅饮、作诗，教学之余的生活比较丰富。下面两篇诗作正是杨匏安后来发表在《广东中华新报》上的诗作，都是写景抒情的作品，从中可以看出当时杨匏安的生活状态。

第一首为《登东望洋山同沛功粟一分韵得洋字》：

天风浩浩水汤汤，跂石攀松看夕阳。

几片风帆成点缀，半间茅屋寓沧桑。

颇嫌啼鸟催诗急，却讶归云袭袂凉。

自分凿坏栖隐去，壮怀收拾叹茫洋。

这是杨匏安与诗友沛功、粟一登东望洋山后所作。东望洋山又名松山，清代同治年间山上遍植苍松，苍翠欲滴，像一颗绿宝石镶嵌在澳门的东部。诗中"跂石攀松"，正是坐在石头上看这满山的苍松之意。东望洋山也是澳门最高的山，耸立于山顶的炮台、圣母雪地殿和灯塔被誉为"松山三古迹"，百余年来仍为澳门重要的休闲旅游地。"颇嫌啼鸟催诗急"借鉴了宋代诗人史常之《游山》中的"满林啼鸟似催诗"，有登高看到美景后的轻松愉悦之情。尾联称"凿坏栖隐"，似有隐居不仕之意，但忍不住"叹茫洋"，可见杨匏安还是不甘心就这样不问世事。

第二首为《消夏》：

春衣典尽觉身轻，日日江头著屐行。

不作词人防感喟，偶同渔父话虚盈。

人闲只合看云坐，世乱聊为带雨耕。

我已无心问哀乐，残蝉何事倚高鸣？

"春衣典尽"指的是春天的衣服都拿去典当了，形容生活拮据，反觉得一身轻，每日穿着木屐到海边散步。"不作词人"是为了防止自己感叹

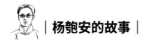

发牢骚，偶尔同渔夫闲聊事物的兴衰成败。"带雨耕"表达的是杨匏安对天下太平、人们安居乐业的期待，而"只合看云坐""无心问哀乐"又有避世之意，体现了他矛盾的心态。

这期间，恰值国内的新文化运动如火如荼，风华正茂的杨匏安，在家教与参加社交活动之余，利用种种机会和条件，向人们传播在国外所接受的新科学知识。他在《东方杂志》《广东中华新报》等刊物上发表了不少作品，这些作品体裁多样，内容丰富，涉及社会现实生活和心理学、美学等多个领域，既传播了西方的新思想、新文化，又富有反封建的民主内涵，富有时代气息。杨匏安为新文化运动所作的宣传，客观上与以北京、上海等为中心所开展的思想启蒙运动遥相呼应。

杨匏安向杂志投稿。选题方面，首先引起他关注的是日本心理学研究成果。19世纪80年代至20世纪初，是日本心理学的奠基时期，有大量心理学方面的著作问世。杨匏安节译了市村氏的《变体心理学之研究》，以《原梦》为题，发表在1917年10月15日出版的《东方杂志》第14卷第10号上。这也是至今查找到的杨匏安最早刊发的文章。

杨匏安在刊物上发表文章，都是用笔名。据中山大学李坚教授考证，"杨匏厂"是杨匏安最早用的笔名。经过查阅《广东中华新报》和《广东群报》，李教授认定，"厂"并非繁体字"廠"，而是同音字"庵"，"匏厂"即"匏庵"。为让读者易认，后来"匏庵"又改为"匏安"。

据考证，杨匏安一生用过许多名字，除麟焘、寒灰、匏厂（庵）外，还有锦焘、匏公、老渔、ㄆㄠㄢ、王纯一、陈君复等。ㄆㄠㄢ是当时的注音字母，为杨匏安发表《青年周刊》创刊号《宣言》和《马克斯主义浅说》时所使用的笔名；笔名王纯一在出版译作《西洋史要》《地租论》时使用；陈君复是他的化名，主要在从事地下工作时使用。

《东方杂志》是我国近代影响很大的百科全景式期刊，创刊于 1904 年 3 月 11 日，馆址设在上海，1948 年终刊，宣称以"启导国民，联络东亚"为宗旨，是商务印书馆主办的标志性刊物。梁启超、王国维、严复、黄遵宪、张謇、蔡元培、鲁迅、陈独秀等著名人士都曾为该刊撰稿，可谓"澎湃学门，大匠如云"。杜亚泉于 1911 年出任该报主编后，特别重视对世界政治、经济、社会的最新动向及学术思潮等新文化知识的介绍。杨葆安翻译的《原梦》得以在《东方杂志》发表，可见其选题切中杂志宣传新思想的需求，且说明他日文翻译水平较高，行文流畅。

《原梦》是杨葆安较早向中国人介绍关于梦的科学解释的一篇译作。该文为日本市村氏《变态心理学之研究》一书中的部分内容，用文言文写作。以旧的语言方式来介绍一种新的科学知识，可以说是杨葆安的新尝试。全文约 4000 字，对人睡眠时的生理机制、睡眠的程度和产生睡眠的生理原因，梦中的意识、梦的成因、梦能否预测吉凶祸福，以及梦与精神病的关系等，都作了具体分析。

《原梦》一文，从"睡眠""梦及梦中意识""结梦之原因""梦与凶吉豫知"四方面对梦作了简要分析，还转录了德国心理学者雍克博士有关"梦与精神病之关系"研究的概况。杨葆安翻译不拘泥于日文直译，还与我国实际情况相结合，如译文中提及做梦能否预知吉凶时，他就结合民间的周公解梦文化加以说明。

多少年来，梦对人们来说一直是个谜，人们常把它作为一种征兆，使它蒙上神秘色彩。文中的真知灼见，有助于破除民间流传的迷信思想。《原梦》发表时，杨葆安只有 20 岁。

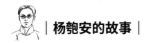

　　当时与《原梦》同时发表在《东方杂志》"内外时报"栏目中的一篇名为《晕船之原因》的文章引起了杨匏安的注意。这篇文章可能是从其他的科学杂志中摘录而来，作者不详。文章从耳朵构造入手，延伸生物学知识，较科学地解释了晕船的原因。杨匏安读后，认为这篇文章仅分析了晕船的原因，却没有介绍防止晕船的办法，所以着手写作了一篇文章介绍防晕办法。当时交通不够便利，许多交通工具未普及，加之船票价格也较低廉，人们远行较多选择乘船。而鉴于造船技术和一些主、客观条件的限制，船在汪汪大海中行驶，惊涛骇浪往往使乘客备受晕船的折磨。大多数乘客有晕船的经历，渴望找到对付晕船的办法。可见，这篇文章是侧重于实用性的。

　　半年之后，这篇名为《晕船之防止法》的文章终于在1918年5月15日《东方杂志》第15卷第5号上发表了。全文不到2000字，该文运用新科学知识解答现实生活的问题，适应当时民众的急切需要。杨匏安在文中针对不同人群的实际情况，结合自身经验列举了包括选择大船、船启动后不要马上到舱房休息、乘船前几日要休息好、船上不可吃太饱、行走时要缓慢等15种方法。他还在文中记述了一段亲身经历：当船经过台湾海峡时，风涛大起，一名身材魁梧的少年健步在甲板上，似是要与风涛宣战，我虽劝他别那样，他却不听，没多久，那少年晕倒、呕吐，狼狈不堪。用现在的标准看，他分享的方法大多有一定合理性，也有未必科学有效的土法配方，但仍可见年轻的杨匏安善于观察和总结经验，也愿意花精力研究普通人关心的问题。

　　《东方杂志》是全国性刊物，发行量大，一期最多时高达1.5万份。当时以陈独秀、李大钊、鲁迅等为代表的先进知识分子，高举"科学"与

"民主"的大旗，发起了一场开启民智的新文化运动，《新青年》是他们传播新文化的主要阵地，而《东方杂志》也比较有影响。稚嫩的杨匏安先后在《东方杂志》上发表了 2 篇文章，意味着他的文章跨过了五岭，越过了长江，登上全国刊物，其文章所宣传的新思想、新文化的时代意义，自然不言而喻。

杨匏安在澳门生活了一年多，长子杨文达出生后，带来无限天伦之乐的同时，家里的经济压力也更大了。虽然他当家庭教师的工作很出色，并获得了雇主的肯定，但薪金也仅够维持全家的生活开支。其间，康若愚也从日本来到澳门，她在一个大赌商家担任家庭教师，后又在张玉涛家中教学生。张玉涛原是康有为的弟子，曾担任日本神户同文学校学长，与康若愚父母相识。为了补贴家用，康若愚教杨家的女眷做日本纸花，拿到市场出售。虽然生活不宽裕，但一家人生活稳定，这也是杨匏安难得平静的一段岁月。

然而，毕竟寄人篱下，加之当时的澳门在殖民统治下，富人穷奢极欲、纸醉金迷，穷人食不果腹、衣不蔽体，心中的理想与现实的巨大差距，使杨匏安无时不受煎熬，但又无力改变。正当杨匏安彷徨和苦闷之际，挚友陈大年从日本回到广州，担任《广东中华新报》主笔，邀请杨匏安任《广东中华新报》记者，并推荐他到私立时敏中学任教务主任。杨匏安欣然受聘，于 1918 年春举家迁居广州。

第三章

回到广州
开启民智

1

执教广州，笔耕辛勤不辍

回到广州的杨匏安一家，居住在广州司后街（今为越华路）的杨家祠。那里是北山村杨氏家族在广州立的宗祠，也是科举时代杨氏子弟到广州考功名的免费住所，为纪念北山杨氏家族的老祖宗杨泗儒，杨家祠又称为"泗儒书室"。

迁居广州后，杨匏安异常勤奋。任教时敏中学，是一个极好的锻炼机会，该校在广州新办学校中知名度较高，学校采用新教材、新教学方法，师生的思想比较活跃。杨匏安为做好时敏中学的工作，平日住校，星期天和节假日才回杨家祠探望家人。

为回报挚友陈大年的知遇之恩，杨匏安利用教学之余，进行体裁多样的文学创作，积极投稿《广东中华新报》。仅1918年3月间，他在该报发表作品15篇，其中"逸事体裁"小品文有13篇，一些作品还连载数日。按内容的主旨，13篇小品文大致可以分为三类：启智类——展现困境中的群体，运用自己的智慧，赢得生存技巧，如《黠医》《义妇岭》《避债》《智妇》等；劝善类——利用技巧，帮助品行不端之人改邪归正、弃恶从善，或利用恶人惯用伎俩，还治其人之身，惩治恶人，警醒世人，如《窃疾可治》《欺诈取财》等；锄强扶弱类——面对强敌，非强攻，而智取，从而惩戒坏人、保护自己，如《印人》等。这些作品，篇幅虽短，但主题鲜明，格调高雅，寓意深刻，显示出作者的语言技巧。短文，曾经是杨匏

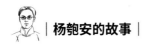

安投身"文学革命"的匕首。

文学革命是新文化运动的重要组成部分，以反对旧文学、提倡新文学为主要内容。文学革命思潮，可上溯至1917年初，胡适和李大钊在《新青年》杂志先后发表了《文学改良刍议》和《文学革命论》，明确表述了"文学改革"与"文学革命"的主张。1918年鲁迅的白话小说《狂人日记》的发表，体现了文学革命的实绩。在五四运动中，新思想、新道德的倡导，以及白话文的提倡，使文学革命蓬勃发展，因而成为新文化运动之一翼。其影响不限于文学领域，对中国文字改革，以及民间社团的发展等方面都产生一定的促进作用。

杨匏安的文学作品，颇有社会影响的是短篇小说《王呆子》，全文4000多字，自1918年3月12日起，分8天在《广东中华新报》连载。

小说描述了一个情节并不复杂的故事：主人公"王呆子"的母亲，因天旱失收病死后无钱收殓，父亲向村中劣绅郑氏借高利贷，被郑氏逼债害死，之后姐姐被郑氏抢走，因郑氏小妾妒忌而将她摧残致死。16岁的"王呆子"，一下子失去三位亲人，心里痛苦万分，但他并不显露，反而对郑氏毕恭毕敬，还卖身为奴，在郑氏家中当牛做马，赢得了郑氏的信任。次年清明扫墓，郑氏让"王呆子"挑上祭品携同其6岁幼子，一同上山祭拜祖坟。"王呆子"趁郑氏在墓前跪拜，毫无戒心之时，用锄头把他敲死，报了血海深仇，但他并没有杀害郑氏幼子。随后他上山当了劫富济贫的绿林好汉。

《王呆子》尖锐地揭露了土豪劣绅的罪行，热情地讴歌了一个农民在报家仇中深明大义的悲壮行为。杨匏安在小说最后加了评论，赞叹"王呆子"虽未受过传统"大义"的教化，但出于"本性"，激于对黑暗社会的义愤，能手刃仇人，既悲又壮，他的大义大勇足可与春秋战国的义士豫让、高渐离相媲美。

文学源于生活，又高于生活。小说《王呆子》是真实生活的反映，它取材于杨匏安家乡的真人真事，小说中的人物都有生活的原型。郑氏便是村里的恶霸，他为富不仁，靠贩卖洋烟、开赌馆、放高利贷发家，在村中横行霸道，欺压百姓。小说抒发了杨匏安对被压迫、被剥削者的深切同情，对无恶不作的封建土豪劣绅的无比愤慨，反映了农民朴素的反封建意识。

学界普遍认定，杨匏安的《王呆子》在五四运动时期的文坛具有一定的领先性。叶庆科在专著《我国传播马克思的先驱杨匏安》中提出：这篇小说，发表的时间比鲁迅的《狂人日记》还早两个月；杨匏安塑造的"呆子"与鲁迅刻画的"狂人"，相得益彰，虽《狂人日记》是新文化运动中的第一篇白话文，而《王呆子》却用文言文，但其思想内容和创作方法都是当时最先进的，它不仅是"文学革命"的先导，而且是实实在在的革命文学作品；杨匏安和鲁迅一样，也在"文学革命"中作出了杰出的贡献。

尽管杨匏安的《王呆子》不可与鲁迅的《狂人日记》相提并论，但它在当时确实具有一定的先进性，在"文学革命"中的意义也应予以肯定。

公允地说，鲁迅的《狂人日记》，其内容的深度及其社会影响远超过《王呆子》，两篇小说在思想性和艺术性上存有较大的差距。因而，两篇作品并不在同一起跑线上，不可等量视之，但在当时的特定环境下，《王呆子》发表的意义应得到肯定。

从地方创作来看，当时广东的文学界，极力迎合小市民庸俗、卑下、淫秽的需求。最流行的刊物《广州礼拜六》《广州中外小说林》《妙谛小说》等，所刊登的小说内容大都在娼门、武侠、神怪、侦探、黑幕、滑稽

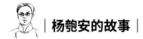

等方面，而"销售最广、种类最多的，全是最无聊、最卑鄙、最易陷意志薄弱者于污浊的故事"。因而，在当时的文艺界，像杨匏安的《王呆子》那样反映农民被压迫和勇于反抗的作品，无疑是积极的、向上的，富有一定的时代精神。

鲁迅创作的新文学运动中第一篇短篇白话小说《狂人日记》，1918年发表于《新青年》杂志，标志文学革命由理念的诉求进入实际的创作阶段。小说以一个精神病患者的日记片段的表述方式，反映开始觉醒的知识分子，面对沉重封建社会迫害的复杂心态，通过"狂人"对"吃人"问题的苦苦思索，而揭露、抨击封建家族制度和礼教制度的弊害。

从全国的创作来看，杨匏安发表《王呆子》之时，正是胡适、陈独秀提倡"文学革命"不久。而当时响应"文学革命"的进步文学作品，多是在"打倒孔家店"口号影响下，以反映小资产阶级知识分子反对旧礼教、反对包办婚姻为主题，内容尚未触及农民反对封建压迫剥削问题。《王呆子》塑造了一个有血有肉的农民形象，讴歌苦大仇深的中国农民的反抗精神，这样的作品，可以说是对当时文坛之风的宣战。

总的来说，应该肯定，《王呆子》是五四运动前发表较早、具有初步"革命文学"意义的作品；应该肯定，杨匏安的文学创作，在有意无意中呼应着"文学革命"的时代召唤，他以自己的创作实践，为新文化运动推波助澜。

作品体裁多样，是杨匏安进行创作的又一特点。继小说《王呆子》之后，杨匏安以大量的诗作抒发他对时代的感悟、对社会黑暗的揭露和抨击。

在时敏中学任教时，诗兴甚浓的杨匏安，常与同事作诗词唱和，书画家贺无庵和孙都休便是同他一起唱和诗词的好友。贺无庵原是广州西关世家子弟，曾在广西等地做过几任中学校长，时任时敏中学学监，是杨匏安在中国澳门时认识的诗友。孙都休是外省人，擅长作画。他们常在课余时到学校附近的荔枝湾划艇、散步，吟诗作赋。他们的诗作也经常同时发表在《广东中华新报》上。比如1918年5月28日杨匏安发表的《泛舟》：

> 荔子湾头日欲低，棹歌轻发水禽啼。
>
> 扁舟逐向深烟去，小树长教万绿迷。
>
> 霸气已沉文物改，云流垂尽管弦凄。
>
> 天心厌乱人思乐，底事春城尚鼓鼙？

前四句写景，说的是傍晚时分，杨匏安与友人在荔子湾（荔枝湾）划船游玩的情景。后四句抒情，表达的是对旧社会、旧制度的抨击："霸气已沉"的旧制度已经失去活力，到了改弦更张的时候，就像低垂的流云和管弦乐器发出的凄凉之声。上天都厌倦了动乱，人们更是期盼平安喜乐，但为何还在擂击战鼓？

同日，贺无庵也发表了一首《和匏公韵》：

> 乡国归来日，相逢岂偶然。
>
> 旧吟灯下忆，清话酒边传。
>
> 杨柳过春暮，云霞入海天。
>
> 怀人共今夕，问讯到枯禅。

这首诗体现了贺无庵与友人杨匏安在广州重逢的喜悦之情，大家在灯下一边饮酒一边回忆澳门往事。

这一时期，杨匏安诗作甚丰。此间在《广东中华新报》上发表的一组旧体诗，真实地反映了他在生活重压下的苦苦挣扎，以及他内心的痛苦和

对未来的期盼。比如1918年5月11日刊登的《消夏》，诗中写道："我已无心问哀乐，残蝉何事倚高鸣？"苦闷、无奈的心情，跃然于纸。杨匏安原以为，学有所成后，便能凭借自己的学识，给家人带来富裕的生活，回报含辛茹苦养育自己的老母亲，以实现心中济贫救世的理想，但现实生活中，他虽有学识、有理想，却无处施展；从事繁重的工作，却不能维持最低的生活需求，常常是"春衣典尽觉身轻，日日江头著屐行"。

为缓解心头的重压，生活在理想宏大与现实残酷夹缝之中的杨匏安，曾借酒消愁。他在诗中说"相见拼一醉，归去独陶然""把酒乐斯须，偷闲静里娱。相逢皆作客，不醉且行沽"。这期间，杨匏安摆脱不了逃避遁世的思绪，但恶劣的社会现实更使他内心不安，使得他有壮志未酬、空老华年的感叹。然而，他毕竟是个热血男儿，"贫贱不能移"的傲骨犹在。在贫病交加中，杨匏安却能淡泊自甘。

当时，曾有一位同乡在广州警察局当官，力邀他当秘书，这种"肥缺"，当时许多人欲求不得，而杨匏安却一口拒绝了。他宁可清寒度日，也不肯同流合污。他自比东汉末年那位管幼安，"丹襦皂帽萧条甚，老却天涯管幼安"，宁愿抛弃荣华富贵，不愿置身于社会浊流。他淡泊名利，不趋炎附势，勉励自己像黄花（秋菊）一样，斗霜傲雪，"借次清霜坚傲骨"，坚定那不畏强暴、不向恶势力低头的意志。

在这人生苦乐交织中，杨匏安迎来自己24岁生日，他在《二十四初度》中写道：

朝来妇子共嬉嬉，病起犹堪进一卮。

堕地孰教成鞅掌？全天吾与学支离。

栖心莫梦藏隍鹿，袖手休弹覆局棋。

喜奉高堂班果饵，偏将此日忆儿时。

此诗发表在 1919 年 1 月 13 日的《广东中华新报》上。诗中表达了他对母亲、妻儿的一片深情。"鞅掌"，作烦劳解，唐朝大诗人白居易《寄杨六》就有"公门事鞅掌，尽日无闲暇"，意思是公事繁忙，无暇照顾家人。"支离"意为残缺，这里指病体缠身，此语出自《庄子》："夫支离其形者，犹足以养其身，终其天年。""藏隍鹿"，又称蕉鹿梦，借喻人生得失有如做梦一样，这个典故出自《列子》，是说郑国有个樵夫，在野外碰到一只受惊的鹿，将鹿打死，怕被发现，将死鹿藏在一个没水的池中，用柴遮盖着，本以为可以发一笔横财。可没多久，自己却忘了藏鹿的地方，于是觉得自己只是做了个美梦而已。杨匏安借典故，启示自己和他人，不应执着于个人的得失，更不可把人生视为一场梦，这正是他对现实、对人生的正确认知。这篇诗作也是现在所见的杨匏安发表在《广东中华新报》的最后一首诗。

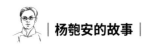

2

兼职记者，时常忧患家国

1919 年春夏间，杨匏安辞去时敏中学的教职，在《广东中华新报》担任记者，同时到南武中学和广东省立第一甲种工业学校兼教职。南武中学的前身是 1905 年由南武公学会创办的南武两等小学堂，1912 年更名南武中学，是当时最有名的私立学校之一。省立第一甲种工业学校的前身是广东省长公署于 1918 年批准设立的广东工艺局附设工业学校，是当时广东省立的唯一的工业学校。自成立以来，培养了许多革命人才，阮啸仙、周其鉴、刘尔崧（刘尔嵩）、张善铭、周文雍等革命家均出自该校，被誉为"红色甲工"。

1919 年 3 月，杨匏安在《广东中华新报》发表《永久之平和果可期乎》一文。此文也是目前所知杨匏安在公开刊物上发表的第一篇政论性文章。他已开始用科学的辩证法来看待国际局势，分析战争与和平的问题，体现其远见卓识。

第一次世界大战以德、奥等同盟国战败，英、法、美、日等协约国获胜而宣告结束，国际形势发生了重大变化。1919 年初，召开了处置战后问题的巴黎和会。中国是协约国的一员，属战胜国，因而国人对此次会议充满期待。美国总统威尔逊在会上提出和平条款十四点，主张建立国际联盟，解决国际争端，大小国家一律平等，尊重殖民地人民的意见，反对秘密条约等，这给中国人打开了美好的幻想空间。一时间，满怀希望的人们沉浸在胜利的喜悦之中。

在《永久之平和果可期乎》一文中，杨匏安向国人提出了质疑：帝国主义列强"朝言弭兵，夕则扩张海陆军备，不遗余力"，一面谈息兵，一面却大力扩张军备，这样怎能实现世界和平？告诫世人不要被假象所蒙蔽，必须保持清醒头脑。他预言，战争结束后，如果"善后之策不得其宜，各种重要问题措施未当，其所贻留之导火线必较前此加剧"，不做好战争之后的各种善后工作，留下的祸根会演化出更大的灾难。他以祸福会相互转化的辩证观点，劝诫世人应懂得事情是复杂的，福中有祸、祸中有福，福与祸相交织，看问题不可只看一面而忽略另一面。

在文中，杨匏安对国际联盟的评析，犹如给沉迷于"世界和平"假象的人当头棒喝。战后，人们对作为善后之策的国际联盟的成立，充满期待，加之威尔逊总统与各国政治家的宣传、鼓吹，国际联盟俨然成为维持正义的保障。杨匏安则指出，历史给人们提供了残酷的教训——"一战"之前也曾有人以万国和平向世人号召，并为实现这一目的设立了万国和平协会以及万国和平强制同盟团等组织，然而最终的结果如何？第一次世界大战还不是爆发了？他深刻分析，人们在经历了亘古所无、惊心动魄、惨绝人寰的世界灾难的悲剧之后，人心厌乱，自然是期望成立国际组织，以能阻止战争再度爆发，然而即便是国际联盟真的成立了，永久和平的幸福也不可能随之而至。

杨匏安表示，要实现真正永久的和平，最基本的前提，便是消除一切种族偏见和破除宗教偏执，国家无论大小，均"能一视同仁、强弱相扶、贫富相济"。文章指出，现实的世界却是列强假借种族、宗教名义，"天经地义、理所当然地"入侵亚、非等国，在这种情形下空言"大同"，乃是

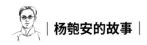

掩耳盗铃，寄希望于建立国际联盟来实现和平，乃是空想！他告诫善良的人们，仅凭单纯的幻觉，盲目乐观地认为世界将趋向和平，实在是言之过早，反观太平洋未来的局势，很难让人高枕无忧。

杨匏安抓住种族和宗教两类矛盾，对"一战"后国际形势的发展做出正确判断。事实胜于雄辩，杨匏安对战后时局所作的评述，具体而深刻。这种理性分析，既体现了他的社会责任感和忧患意识，又体现他在复杂的国内外形势下，持有一种理性思维。

巴黎和会之后，中国发生了一场震惊世界的五四运动，杨匏安投身于其中。那是一场震惊海内外、具有划时代意义的启蒙运动，它既是民族奋起的爱国运动，也是振聋发聩的新文化运动。学习西方的"民主"与"科学"，引进先进的西方文化，便是运动的鲜明主题。身在南方的杨匏安，通过介绍西方心理学、美学，传播西方新文化，开阔民众视野，以实际行动积极响应启蒙运动的时代呼唤。

1919 年 1 月召开的巴黎"和平会议"上，中国代表在会议上提出的"废除二十一条"等维护主权的合理要求得不到通过，而北洋政府却准备在和约上签字。北洋政府在巴黎和会中的无能令举国义愤。5 月 4 日，北京学生集会、游行，提出"外争国权，内惩国贼"的强烈要求，然而却遭到当局的镇压，更激起民众的愤慨，继而一场以学生和工人为主的游行、罢课、罢工运动，席卷全国。慑于民众的威力，中国代表拒绝在和约上签字。

继北京 5 月 4 日学生示威之后，5 月 11 日，广州举行了 10 万人的国民大会。北京大学预科广东籍学生郭钦光，在参加五四示威游行过程中因肺病复发，呕血身亡，引起广东各界的更大义愤，导致运动升级。接二连三的群众集会游行和检查日货，广州城的爱国浪潮日渐高涨。学生、市民、黄包车工人、苦力，乃至妇女、儿童，天天都在谈论声讨国贼、抵制洋货，或戟指痛骂，或顿足捶胸。社会处于极度无序中，杨匏安发表了《青年心理学》，针砭时弊，以西方新科学知识启迪民众，引导青年。

《青年心理学》约15000字，从1919年5月21日至6月27日连载于《广东中华新报》。从刊出第二天起，文章标题改为《青年心理讲话》，全文分32次登完。

《青年心理讲话》，是杨匏安继《原梦》之后，第二篇向国人介绍心理学知识的文章。在《青年心理讲话》中，他援引儒家经典之后，几乎用全部篇幅，综合介绍西方各种青年心理学流派的观点，针对社会存在的问题，着重分析了青年的犯罪心理。《青年心理讲话》从方法到内容，都让人耳目一新。

五四运动高举"科学"的大旗，正是因为近代中国没有产生西方那样的实证科学，因而没能在科技发展上一路高歌，有五千多年文明史的中国，到了近代落后了。杨匏安的《青年心理讲话》，便是向国人传播西方近代先进科学文化知识。他在文中，首先对研究的对象——青年的年龄段作了明确的界定，进而介绍了西方青年心理学的研究方法——实证科学的"观察法"和"实验法"，给读者引进了新的科学方法。在文中，他以大量材料说明科学家如何通过调查、统计、量化分析，来细致入微地剖析青年的心理问题。杨匏安的介绍，给中国这个以注经为做学问的基本方法的国度带来的启示，无疑具有根本性意义。

在文中，杨匏安详尽地、多视角地介绍了西方心理学是怎样对青年的感觉、情感、心态、情操、意志、行为等各个方面进行观察和分析。进而

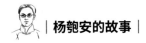

在此基础上，对青年犯罪问题进行逐层深入的剖析。他指出，青年犯罪有"先天的原因"与"后天的原因"："先天的原因"，具体包括遗传因素、早期家庭环境、父母的年龄，以及对孩子的宠爱或遗弃等；"后天的原因"，则有"家庭、教育、贫困、居处、交友、饮酒"等。他详细探讨习惯养成、意志锻炼对青年身心的影响，并借助个人心理学和社会心理学的研究方法，探讨了影响青年身心塑造的主、客观因素。

杨匏安希冀循着西方心理学的理路，去寻觅解决中国问题的出路。在义中，杨匏安指出，青年感觉敏锐，想象丰富，但因缺乏经验，往往脱离实际，流于空想，遇事容易随众附和，这一弱点常为别有用心之人所利用。他总结过去的经验，认为"社会一切风潮"，开始时动静不大，"继则一倡百和"，许多人随大流，最后酿成"不解之纷"，如果再遇到一些政客及另有所图之人煽风点火、混淆是非，加之一些唯恐天下不乱的流氓地痞的附和，则会导致国家大乱，祸患无穷。杨匏安试图利用心理学知识，去化解青年存在的问题。

杨匏安对西方青年心理学的推介，不仅有方法论意义和应用性价值，而且在学科理论的建设方面也有其贡献。回顾中国心理学的发展历程，便可明白。

1879年，德国学者冯特首创心理学实验室，标志着心理学成为独立的学科；1903年，元良勇次郎等在日本东京帝国大学创办心理学实验室，出版心理学研究专刊；我国则在清朝末年，王国维任教南通师范，首译日人元良勇次郎的《心理学》及丹麦人霍夫丁的《心理学概论》作教材；1917年，蔡元培出任北大校长后，支持陈大齐在校建心理学实验室，并写出我国最早的大学心理学讲义《心理学大纲》。五四运动时期，我国青年心理学研究可以说仍是一片处女地，杨匏安可算是最早的拓荒者之一。尤为可贵的是，杨匏安并没有仅仅停留在介绍国外心理学的层面上，而是借助国外心理学理论，对社会运动作出客观的评论和反思，由此去探究中国社会问题的解决途径。

杨匏安对西方科学文化的介绍，不仅有心理学，还有美学。他以相当篇幅的译著广泛、系统地介绍了西方美学。

杨匏安的译作《美学拾零》，从1919年6月28日起，在《广东中华新报》连载，至10月18日，共连载79天（一说78天）。3万余字的译著，介绍了西方柏拉图、康德、黑格尔、基尔希曼、哈特曼等10余人的美学思想，是我国最早系统介绍西方美学思想的编译的著作。

在《美学拾零》中，杨匏安首先定义什么是美学，认为"美学者，研究美之性质与其法则之科学也"，进而提出"定义之要素"包括：客观美学、主观美学、美学性质，以及美字非绝对等方面；对西方美学各个流派逐一介绍，其中以近乎三分之一的篇幅，重点介绍了近代美学巨匠哈特曼的美学思想。他节录哈特曼的《美之哲学》第二卷，概括为十个方面："美的假象""美感""美的乐受""无意识形式美""第一次形式美即量美""第二次形式美即力美""第三次形式美即所谓合的美""第四次形式美即生物美""第五次形式美即种族美""具象美即个体美"。

正如中山大学著名美学学者马采教授所说："五四前后，美学研究在我国还处在萌芽阶段。"确实，在当时仅有王国维和蔡元培向国人提倡西方美学。王国维在研究德国哲学时，对康德、叔本华的美学思想产生浓厚兴趣，从而把西方的，主要是叔本华的美学思想与中国道家传统思想融成一体，形成他的悲观主义美学。他于1904年发表的《红楼梦评论》，就是

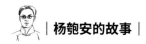

按照叔本华的悲剧理论、西方美学观点和科学分析方法，评论中国古典文学的最初尝试。比王国维年长近10岁的蔡元培，留学德国期间，曾接触美学和心理学，他的美学思想主要源于康德和儒家传统思想，特别注重美学的教化作用，主张美育与德、智、军体及世界观五育并举。王、蔡两人传播的西方美学均集中于德国康德、叔本华、尼采、席勒等人。杨匏安的《美学拾零》，在一定程度上弥补了王、蔡的不足。正是鉴于蔡元培先生提倡过后，美学研究并未受到重视的实际情形下，杨匏安编译了内容详尽、文字通俗的《美学拾零》。

马采在《美学拾零》的校后记中，高度评价了杨匏安传播西方美学的历史意义。他认为杨匏安"此文，实有助于人们开阔眼界，了解各种思想学说的来龙去脉和基本要点，进而加以比较分析，作出选择，对我国此后美学的发展有重要贡献"。他特别指出，杨匏安的文章花了几乎三分之一的篇幅，着重介绍近代美学巨匠哈特曼的美学思想，"反映了当时国际学术界掀起的一股哈特曼热的美学动向"，为我国的西方美学史研究填补了空白。

对于杨匏安对西方美学在中国传播的贡献，学界以往肯定不足。在杨匏安诞辰90周年纪念会上，华东师范大学曾乐山教授撰文指出，对中国美学史的研究，过去由于受到文献资料不足等限制，人们只注意了王国维、蔡元培，实际上从王国维、蔡元培到朱光潜之间，应该加上杨匏安。他认为，如果说在五四运动前夕，杨匏安的作品基本还沿用旧的形式去表述新思想，是"旧瓶装新酒"，未全然合乎新文化运动"提倡白话文"的要求。那么，在五四运动之后，杨匏安则完全是以白话文为工具去传播西方的科学文化，也就以全新的姿态投入了新文化运动。《美学拾零》文字通俗，正是他从前一阶段向后一阶段转变的界碑。

3
传播新学，启迪群众思想

　　杨匏安在广州积极参加了五四运动，他感受了激荡的时代风云，沐浴了新的思想风潮，开始迈向人生的新历程。富有广东人精神的杨匏安，得风气之先，也领风气之先，借助媒体，发表了一批文章，宣传世界各种社会思潮。在评介西方的学说流派中，杨匏安不仅给广东人，而且给当时比较闭塞的中国人，带来了新的精神食粮，开阔了国人的视野，为思想启蒙作出了贡献。

　　杨匏安对西方学说的介绍，始于五四运动前对心理学和美学的译介。五四运动后，他则把视角转向社会科学的核心层面——哲学理论，以及当时风行的社会思潮——社会主义流派。

　　据已有资料统计，自1919年7月12日至12月15日，杨匏安在《广东中华新报》的"通俗大学校"副刊上，以"世界学说"为总题目，发表了系列文章，保存至今的仅有41篇，约4万字，内容包括西方哲学及各种社会主义学说，其中属于哲学方面的有32篇，属于社会主义学说方面的有9篇。

　　《广东中华新报》是华南地区宣传新思想的一份进步刊物，副刊上的"世界学说"专题为介绍各国的新思潮和先进的科学知识而设，特约杨匏安撰稿。首刊之日，社长容伯挺亲自作序，进行推介。序文称，中国向来不重视欧美的学术，虽对外交流行将百年，国人对西方的科学技术和学术

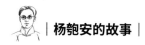

思想还缺乏了解，这是莫大的国耻，中国也因此成了没有学者的社会，之所以如此，完全是由于国家失职而造成的憾事。作为一个有社会责任感的报人，他试图弥补这一遗憾，因而在报上介绍世界各国的"精神科学"与"自然科学"的种种学说，以提供给国内的有志之士参考。

容伯挺的序言，明了地道出策划"世界学说"专题的宗旨，体现出一个爱国报人的良知。容伯挺的举措，建立在他对学术与国家兴衰的密切关系深刻理解的基础上。在留学日本期间，他参加了爱国进步团体神州学会，李大钊是学会的发起者之一。该学会的宗旨是，"研究学术，敦崇气节，唤起国民自觉，图谋国家富强"，"阐明学术，条陈时政"。在他们看来，"政与学尤息息相通"，政治与学术密不可分，因而应关注和研究学术上的实用问题。

《广东中华新报》推出的"世界学说"专题，主要由杨匏安"抄译而演述"，最初计划拟选"诸家学说二百数十余条"，后来计划完成如何，缺乏史料供考证。如计划顺利完成，则留存于今的文章，仅仅为其中的小部分。

肩负着推介世界学说的重任，杨匏安不辱使命，不辜负社长的重托。面对浩瀚的西方思想，该如何向国人介绍？怎样达到既有学术高度，又通俗易懂的要求？从现存的文章看，杨匏安为此确实煞费苦心。他对纷繁的学术流派，进行条分缕析，归纳分类。进而，抓住其中最主要、最盛行的思潮，着重推介了三大类：一是哲学理论；二是宗教派别及理论；三是社会主义思潮。在三者中，他对社会主义思潮介绍的重要意义，已得到世人的普遍认可，其余两类则均被忽视，殊不知他对哲学理论的介绍则甚为精彩。

　　西方哲学传入中国，学界称为"东渐"，始于 19 世纪末 20 世纪初，五四运动前后形成高潮。被誉为"中国近代第一位启蒙思想家"的严复，翻译了赫胥黎的《进化论与伦理学》，定名为《天演论》，于 1898 年出版，震撼中国学界。1902 年，梁启超向国人推介风靡日本的西方哲学家尼采，又在《新民丛报》发表文章，介绍那些为国人所陌生的哲学家及流派，如培根、笛卡尔、康德，以及经验主义与理性主义等。蔡元培也是翻译西方哲学的先行者，马君武也曾编译黑格尔、斯宾塞、狄德罗等西方哲学家的著作。五四运动前，一些进步刊物如《东方杂志》《新青年》《晨报》等，均先后刊登一些评述西方哲学的文章，为西方哲学东渐推波助澜。

　　从对五四运动前后西方哲学东渐进程的回顾中，人们不难发现，当时的学者更多停留在对著名哲学家及其著作的评介或翻译，而对整个西方哲学缺乏全面的、系统的介绍，也就是说个案分析多，整体把握少，甚至出现空泛与不确切的毛病。杨匏安在介绍西方哲学时，另辟蹊径，弥补了同时代学者的不足。

　　翻阅现存的杨匏安在世界学说上发表的文章，可见他对西方哲学的介绍，既系统又全面，对学说的不同流派进行分类，对每一学派的基本内容、主要观点、发展线索、主要代表人物，都逐一进行介绍，又运用联系的观点，揭示各种流派的相同或相异的关系，叙述的文字通俗、简明。对各种学说流派，杨匏安并没有停留在一般的介绍上，而是依据自己的理解，对学说的许多观点加以评论，肯定其真理性，指出其错误与不足，并探究一种学说为何会被另一种学说所取代。

　　今天，把杨匏安这些相关的内容编辑在一起，俨然是一部简明的西方哲学史教科书。它体现了杨匏安学识渊博，思想深邃，以及他向民众普及

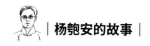

文化的良苦用心。西方哲学在中国的传播，开阔了国人的知识视野，启迪了学界的治学方法，转变了传统的思维方式，人们无不肯定学者们在西学东渐过程中的贡献。尽管到目前为止，在回顾这段历史的论著里，都没提及杨匏安，然而他的贡献并不亚于同辈学者。

在人们眼里，哲学是一门高深的学问，高不可测，在杨匏安生活的年代，中国人对西方哲学更是陌生。杨匏安在"世界学说"专栏的文章里，首先回应了什么是哲学，进而抓住西方哲学的主要流派进行推介，为国人掀开哲学的神秘面纱。

一般来说，人们把哲学看作世界观和方法论，它首先回答世界的"本源"及其发展的问题。具体地说，哲学这门学问，首先便是探究世界的"本源"，也称为"本体"，它是"物质"的，还是"精神"的；世界是运动变化的，还是不变的，而运动是否有规律。这些问题，都是每一个哲学家所必须回答的问题，古今中外都不例外，当然西方哲学对这些问题的回答方式比中国哲学更直接。杨匏安对哲学的介绍，首先从世界的"本体"学说入手。

依据西方近代哲学的习惯，杨匏安从物质与精神的关系上，介绍哲学的两大流派：唯物论与唯心论。

何谓唯心论？杨匏安给它明确的定义：认为人们的知识"本源全在主观"，而"一切物体"都是人的"知觉"，只承认"精神的存在"，而物质"不过精神之表现而已"。也就是说，唯心论认为，物质世界是由人的精神、人的观念产生的。

进而，杨匏安把唯心论细分为：（一）"表象的唯心论"——认为宇宙万物的"本体"并不存在，是因为人的主观的感觉，才产生的"表象"，离开"表象"就没有"实质的存在"，学派的代表人物是彭克来；（二）"主观的唯心论"——认为"知识即宇宙万有之本体"，世界的万事万物皆由"绝对之我"所产生，外在的世界不过是"我"的"表现"，代表人物是费斯德、黑格尔；（三）"客观的唯心论"——同主观唯心论相对立的流派，认为作为世界本体的"绝对我"，不仅是主观的，还是客观的，知识产生于主客观相区别之后，知识的主体即人，是主观的，但被认识的对象即物质，则是客观的，主要代表人物是薛令；（四）"绝对的唯心论"——认为主观与客观合为一体，"思想即物体"，思想的"法则"，也就是物质发展的"法则"，这是黑格尔主张的学说，也是西方哲学中最难理解的学说；（五）"先在的唯心论"——由康德和叔本华所倡导，认为外界的物体并非"有生"便存在，只不过是一种"材料"，只有由人的先天所赋予的"直观"和"概念"同它结合了，外界的事物才能成立。

杨匏安以比较大的篇幅介绍唯物论。他说，古希腊的"原子论"是唯物论在当时的最大流派，与唯心论相对立。原子论的集大成者是德谟克利特，他认为，"宇宙间有一种细微"而"不可分析"的物体，它"不生不灭，不增不减"，没有形和质的差异，那就是"原子"，它就是万事万物存在的"根本的成分"。原子论以原子的运动变化来说明世界现象，认定"精神作用"，也无非是"原子运动"。

哲学与科学有着密切关系，杨匏安注意到唯物论的发展与科学发展的关系。他介绍说，由于近代自然科学的勃兴，"生物说及有机的分子说"的出现，人们无不认为物质是"精神的现象"的"基础"，由此产生了机械论。该流派的法国哲学家拉美特利，他的两本代表作《精神自然史》和《人乃一机械》，曾引起学术界的非议，因而不得不离开法国，先后逃亡

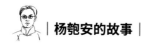

到荷兰和德国。他发扬笛卡尔学说，认为"凡精神作用"，统统可以看作"物质活动"，人们的"一切思想，总不外乎物质上之变化"，假如离开了物质，"则必无心的现象"。杨匏安特别介绍，自1842年能量守恒定律发现，机械论风靡一时，人们把一切归结为"机械的法则之支配""以物质机械运动说明一切自然现象"，"意识"也是物质运动的产物。

就世界的"本体"是"物质"还是"精神"的问题，哲学有"唯物论"和"唯心论"之分；而就世界是一个"本体"还是多个"本体"的问题，哲学又分为"一元论"和"二元论"。

什么是"一元论"？杨匏安介绍说，千姿百态的宇宙，都是从"唯一"的"本体"所产生的学说。因对这个唯一的"本体"有不同的理解，于是一元论又分为"物质的一元论"和"精神的一元论"。以"物质"作为世界万事万物的"唯一本体"就是"物质的一元论"，代表作有法国霍尔巴赫的《宇宙之组织》以及德国部次奈尔的《势力及物质》。在介绍中，杨匏安指出他们的学说不能自圆其说。"精神一元论"，以黑格尔为代表，认为理性便是"宇宙之本体"，"一切现象"不外乎这一"本体"的表现而已。关于"精神一元论"，杨匏安细致地分为"抽象的一元论"和"具体的一元论"，前者是在"分析宇宙之现象"时，把所有的现象归结为"抽象"的"一物"，并把它作为世界的"本体"；后者认为，世界的万事万物，即"现象"，它与"本体"是不可分的，"各个之现象"即是本体，而本体亦即"各个之现象"。

什么是"二元论"？杨匏安介绍说，"二元论"是"从两个全然相异"的"本源"来说明任何"现象"，认为"物质与精神"同时都是世界的"本体"。由这一观点出发，各个流派又有不同的说明，故"二元论"

细分为"超绝的二元论"与"内涵的二元论"。"超绝的二元论"也有两种说法，一者认为，"精神与物质"彼此依存，由物质与精神的一体而产生出世界万物，但物质与精神各自"支配"的领域则有所不同，物质起"机械"的作用，精神起"心"的作用；一者认为，一切现象都是"神"所创造，但神在"一次创造"之后，对世界的变化发展不能再"主宰"，任由物质与精神各自发展，"神与世界"便是"二元"的。"内涵的二元论"却不认为世界的"本体"是"二元"，而是说"本体虽一"，但这"本体"的内涵有两种"不相容"的属性，因而，这种理论可以说是"一元论"，也可以说是"二元论"。

对"一元"或"二元"问题，不仅可以从"本体"的层面看，还可从人的认识，或其他角度去审视。于是关于"二元论"，杨匏安还介绍了"认识上之二元论"与"宗教道德的二元论"。前者认为认识的起源有两种完全"相异之根本"，"一切认识，皆由感性和悟性（即感觉与思维）之二元而成"，康德是主要代表人物；后者认为"世间一切现象"，都是能成全善事的神与造成恶事的神所为，两个完全相反性格的神，创造了世界，这一流派起源于古代，近代的康德也有类似的观点。

那么，"多元论"就是，认为世界的"本体"不是一个或两个，而是各自"独立"存在的多个。杨匏安给"多元论"的定义是"盖万有本原之数量论也"，世界万事万物，它的本原非单一。他认为，自古希腊的德谟克利特之后的唯物论学者，都属于这种观点。

杨匏安又回到世界"本体"是物质还是精神的基点上，对"多元论"进行梳理，先分为"物质的多元论"与"精神的多元论"两类，就这两大类再细分。"物质的多元论"又有两种，一种认为世界有多种性质各不相

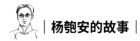

同的"本体";另一种则认为,多种的"本体"虽各有不同的性质,但也"出自一定性质之下",即异中又"各各皆同,一无所别"。也就是说,"物质的多元论",在承认世界的"本体"有多个的同时,有的学者强调多者中的异,有的学者则强调多者中的同;"精神的多元论",认为"宇宙的本体为精神",但并不是"一"或"二",而是数量"颇多",那多种的本体,本来在性质、形状上都没有差异,只是在运动变化之后出现了区别,于是产生千差万别的现象。杨匏安介绍,一元论与多元论,在康德的学说里出现了调和,故亦有"一元的多元论"的流派。

哲学在回答世界是什么的同时,还必须回答世界是如何运动、变化的。关于世界运动的学说,杨匏安介绍了西方的"原子论""目的论""机械论"。

人们在揭开世界是什么、世界是否发展之秘的同时,还在不断探究外在的世界是否可以认识,人的知识从哪里来,这一问题,哲学上称作"认识论"。对认识论,杨匏安介绍了"感觉论"与"观念论",以及同这两种学说相反的"实在论"。

与人的认识有密切关系的是人的意志。意志,是人对外界的认识所产生的思想意识,再向外界采取行为的过程中,所体现出来的能动精神。杨匏安在介绍西方认识论之后,便介绍了关于意志方面的学说。依据人在世间,意志是否有自由,对这一问题的回答存在不同的流派,杨匏安介绍了"定命论""宿命论"和"非定命论"。

人对客观世界的认识产生了人的主观意识,意识是人对世界的反映,它具有改造世界的能动性。关于意识的学说,杨匏安介绍了"主知说""主意说""主情说"和"形式论"。

另外，杨匏安还对西方的处世思潮与宗教理论进行了推介。西方，在工业革命之后，文艺复兴带来了人的精神解放，物质生活的改善，更带来了人们对精神家园的迫切向往。因而，宗教在西方的流行及影响远远超过中国。

关于处世思潮，杨匏安介绍了完全不同的两种——"厌世主义"与"乐天主义"，二者分歧在于认定现实世界是"痛苦"还是"快乐"。"厌世主义"认为，实际世界，痛苦占的比例常常大于快乐，少数的快乐"不能补偿多数之苦痛"，故"现在之世界"没有足够的为世人提供生活价值的东西。该流派又分为"非学理的厌世主义"与"学理的厌世主义"，杨匏安在其中介绍了霍布斯、叔本华等人的观点，以及该流派的发展。

宗教信仰，总是崇拜某一或某些偶像，这偶像便是主宰万物和人的命运的"神"。依据崇拜什么神以及崇拜多少个神，而有宗教流派之分。杨匏安在介绍西方宗教流派时，首先解释，宗教与哲学不是同一的概念。他指出，"宗教上谓之一神教或唯一神教，在哲学上谓之一神论或唯一神论"，既注意到哲学与宗教的关系，又不把哲学等同于宗教。他具体介绍了"一神论""拜一神论""多神论""有神论""自然神论""超绝神论""泛神论"等流派，以及一些流派中的具体门类。

以上是杨匏安在其著作中对西方哲学的推介。虽然今天看来，有些论述未尽精当，但其涉猎范围之广，在当时的文化学术领域，已经是大大地开阔了人们的视野。由此可见杨匏安对西方哲学思想的深刻理解、融会贯通，也足见他为启迪国人的一片苦心和艰辛付出。

第四章

**扛起大旗
传播真理**

1

思潮涌动，向往社会主义

在杨匏安生活的年代，社会主义思潮已风靡世界，早在 19 世纪末 20 世纪初，得风气之先的广东人，在同日本的交往中，已接触社会主义思潮。戊戌维新运动的主要启蒙思想家梁启超，首先向国人推介了西方的社会主义，后来的革命先行者孙中山则明确把自己倡导的"民生主义"等同于"社会主义"和"共产主义"，并试图结合中国的国情而推行。

梁启超（1873—1929 年），广东新会人，维新派首领之一，近代思想家、史学家、百科全书式的文化巨人。他学贯中西，知识渊博，视野开阔，著述宏富。其文化方面的贡献，不仅开创了中国史学，而且提出"不中不西，即中即西"的学术主张，开始探究中国文化如何向现代转型。他创办或主编的《时务报》《清议报》《新民丛报》等刊物，在知识分子中产生较大影响，其著作汇编成《饮冰室合集》。曾出任民国初年司法总长、段祺瑞北洋政府财政总长兼盐务总署督办等职，晚年受聘为清华国学研究院导师。

蒋广学教授的专著《梁启超和中国古代学术的终结》如此说："要谈近代中国的社会主义思潮，第一个可能就要提到梁启超。"这一看法，已成为学术界的共识。

从现有的史料看，对社会主义思潮的传播，无论是在广东，还是在全国，梁启超都算是比较早的。1896 年，梁启超在《时务报》第六册中刊出

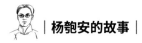

《社会党开万国大会》一文，传递了第二国际在伦敦召开第四次代表大会的消息，之后"万国社会党"一词，便成为中国民众对"第二国际"的称谓。紧接着他所创办并担任主编的《时务报》，还连续刊登了介绍西方社会主义运动的文章。可以说，较早地让中国人理解社会主义的媒体，就是广东人创办的报纸。

1901年间，梁启超在他撰写的《南海康先生传》中认定，他的老师康有为的哲学就是"社会主义派哲学"。他明确提出，西方存在社会主义，它起源于古希腊的柏拉图，后米康德等人再次提倡，康有为读了他们的书，受到了影响。梁启超又说，康有为的"大同理想"，既继承了中国的古代思想，也接受了西方社会主义。虽然梁启超的比附不完全合乎历史逻辑，但他努力寻求让国人理解外来的社会主义的初衷，理应肯定。

戊戌维新前，鉴于各种客观条件的限制，梁启超对社会主义思潮的传播，仅仅是一般性的推介，并未涉及理论层面。而当时西方传教士在中国所办的报刊对社会主义的鼓吹，远超过中国人的宣传。维新变法失败后，梁启超流亡海外，在公开刊物上不断发表推介马克思主义的文章。1902年，流亡日本的梁启超发表《进化论革命者颉德之学说》，称马克思为"社会主义之泰斗"，高度评价了马克思的社会主义，认为它是当时德国"最占势力之二大思想"之一。

流亡到西方的梁启超，目睹资本主义的社会现实，接触了社会主义者及他们的宣传品，因而加深了对社会主义的认识。据他1904年发表的《新大陆游记》记述，在美洲期间，社会党人四次拜访了他，他们的"热诚苦心"令他"起敬"。《纽约社会主义论坛》主撰述哈利逊氏，赠送了梁启超数十册关于社会主义的书籍和刊物，造访时，向他介绍了美国的社会主义运动。当听到近一两年间，社会党以几何级数的势头发展的盛况之后，梁启超慨叹他们的"盛大之况"也是意料之中了，表现出他对社会主义的理解和赞赏。

梁启超发表过许多论及社会主义的文章，他的可贵之处，正如研究者所说：首先，梁启超对现代社会主义运动的实质和产生作出了近乎科学的分析。在1904年发表的《二十世纪之巨灵托拉斯》中，梁启超深刻分析了现代社会的"自由竞争"带来"弱肉强食"，社会经济"秩序破坏"，"大资本家从而垄断"，结果"贫富两阶级""日日冲突"，"社会问题"由此而起，社会主义产生于由自由竞争带来的贫富对立。其次，梁启超认定，"中国将来也会发生社会主义问题"。他说社会主义已经是世界多种大问题之一，"移植于我国"也是一种必然，"是势所必至"，他希望中国国民不应以隔岸观火的态度对待。

在1919年的《欧游心影录》中，梁启超详细分析了社会主义产生的必然，具体介绍了社会主义如何改造"矫正"工业革命所带来的"毒害"。梁启超认识到，社会主义的"要义"便是"土地归公，资本归公"。在梁启超看来，当时的中国，工业还不发达，还不可能走社会主义道路。继梁启超之后的广东人孙中山，则不仅赞赏社会主义，而且向往社会主义，从中国国情出发，精心勾画了社会主义的建设蓝图，力图把理想转为现实。

早在1905年5月中旬，孙中山第二次到布鲁塞尔，走访了社会党国际执行局，即第二国际，受到该局的主席王德威尔德和书记胡斯曼的接见。孙中山陈述了自己的革命纲领，表白"中国社会主义者要采取欧洲的生产方式，使用机器，但要避免其种种弊端"，"中世纪的生产方式将直接过渡到社会主义的生产阶段"。他坦率地请求，接纳他的党加入第二国际。

他的热切和诚意，充分袒露了他对社会主义的向往。

孙中山（1866—1925 年），革命家、思想家、近代化先驱，中国 20 世纪三大伟人之一。他第一个提出"振兴中华"的伟大口号，领导多次武装起义，建立东方第一个民主共和国，结束了中国两千年封建帝制，被推举为中华民国临时大总统。而后，为捍卫共和国，以"愈挫愈奋"的精神，领导了"二次革命"以及两次护法运动。晚年，与时俱进，实行"联俄、联共、扶助农工"三大政策，改组国民党，建立国共合作统一战线。他承传中国文化，又学习西方，并结合国情，创立"三民主义"学说，编撰《建国方略》，系统而全面地勾画了中国建设宏伟蓝图，为后人留下了一笔珍贵的思想遗产。

孙中山对社会主义的真诚向往，不光是口头的表白，还在于他对理想的真切的、付诸行动的追求。

首先，孙中山把他所主张的并为之终生奋斗的"民生主义"，等同于"社会主义"。

他直截了当地说，"民生主义就是社会主义，又名共产主义"，"民生主义与共产主义实无别"。在解释为何可以等同时，强调了二者有一个基本点："研究社会经济和人类生活的问题"，也就是"研究人民的生计问题"，所以他提出"用民生主义替代社会主义"的说法。对孙中山民生主义的性质，学术界多有争论，众说纷纭，莫衷一是。可以说，孙中山把所有试图解决"人民的生计"问题的社会制度都归结为民生主义，因而它便有了多种属性，社会主义也就是他的民生主义。具体地说，民生主义与社会主义有相一致的属性，都是把"利国福民"作为最高宗旨，通过生产资料的公有，社会财富能让全体社会民众所"共享"，做到"幼有所教，老有所养，分业操作，各得其所"。

其次，孙中山提出了实施民生主义的经济纲领，力图把社会主义的理想蓝图转化为社会现实。

孙中山认为，要解决民生问题，就必须把能产生财富的"土地""铁路"等影响国计民生的生产资料"收归国有"，不让个别的资本家"垄断"，利用它去"渔利"，从而操纵"国民生计"。于是，他提出"两个办法"："第一个是平均地权，第二个是节制资本。"也就是通过"国有"，建立新的土地制度和资本制度，在土地与资本国有的基础上，进行"公平的分配"，把民众创造的社会财富"归于国家"，"为国民所共享"。民国成立后，清朝的大皇帝虽然已被打倒，但一个个小皇帝接二连三跑出来，政权问题一直困扰着孙中山，民生主义建设一直难以提上议事日程，社会主义在中国仍然是一种理想。

追随孙中山的胡汉民、廖仲恺、朱执信等广东籍的革命家，他们也曾在宣传民生主义的同时，宣传社会主义。1906年，胡汉民担任《民报》主编，他撰写了《〈民报〉之六大主义》，文中提出，土地国有是中国实现社会主义的捷径。俄国十月革命后，胡汉民先后发表了《孟子与社会主义》《中国哲学史之唯物的研究》等多篇文章，宣传民生主义及社会主义的各种流派。廖仲恺曾在《民报》上发表译著《进步与贫困》《虚无党小史》等，对近世社会主义传播的状况作了概括性的介绍。朱执信是杰出的理论家，他对孙中山的思想忠实信仰和积极捍卫，撰写多篇文章回击各种非难社会主义和社会革命的观点。综上可见，广东曾一度是社会主义思潮传播的一片热土，这为杨匏安全面传播马克思主义提供了良好的社会氛围。

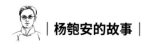

2

撒播火种，系统宣传理论

十月革命一声炮响，给中国送来了马克思主义。中国人在苦苦向西方寻求真理，而未得有效救国之方的情况下，找到了新的方向——学习苏俄。觉醒的中国先进知识分子纷纷开始学习、研究和宣传马克思主义，点燃了中国新民主主义革命的星星之火。在中国南方，杨匏安热情地传播社会主义思潮，系统地传播马克思主义，扮演了为民主革命撒播思想火种的角色，与北方传播马克思主义的先驱李大钊遥相呼应，赢得"北李南杨"的美誉。

杨匏安延续了广东人对社会主义的向往与追求。

与北方李大钊几乎同时，南方的杨匏安开始对西方社会主义思潮及马克思主义进行全面的介绍。在向国人传播社会主义的过程中，杨匏安受到深深感染，而逐渐成长为马克思主义者。

1919 年 10 月至 12 月间，杨匏安在《广东中华新报》上发表的一组文章，以社会主义为主题，其中《马克斯主义（一称科学社会主义）》（以下简称《马克斯主义》）连载 19 日，《社会主义》一文连载 7 日。杨匏安向国人介绍社会主义，先是整体地、概括性地介绍，进而对具体的流派逐一介绍，其中对科学社会主义——马克思主义，作了特别详尽的推介。

关于流派的分类，杨匏安认为，西方的社会主义流派中，"有种种广狭义"的解释，大致分为三大类。

第一大类为广义的社会主义。使"个人的活动"都服从于"社会公共目的"，称作广义的社会主义。按这一标准的"广义的社会主义"，又分为两类。第一类是"共产主义"，有英、法的共产主义、社会民政主义、国际共产主义；第二类是"社会主义"，包括纯正社会主义、国家社会主义、讲坛社会主义、基督社会主义、集产主义、无政府主义、社会民主主义、国际社会主义。

第二大类为普通广义的社会主义。主张在"一般社会间"，采取"平等主义设施"，如企业"为人群公有""分配平等"等，便是普通广义的社会主义。包括共产主义中的"狭义社会主义"、无政府主义及虚无主义。

第三大类为最狭义的社会主义。主张土地公有、资本公有、按劳分配，是最狭义的社会主义。近世的社会主义，即属此类。他认为"社会主义"的名称，虽为 1835 年英国合作运动的创始人欧文所始创，但狭义社会主义的精神实质早已有之，古希腊柏拉图的"理想国"，近代英国的托马斯·莫尔的"理想乡"，到了 19 世纪，形成了近代社会主义。

杨匏安回顾了社会主义的发展历程，又详尽介绍了社会主义流派的几位代表人物：欧文（1771—1858 年）、圣西门（1760—1825 年）、傅立叶（1772—1837 年）。

介绍了被后人称之为三位"伟大的空想社会主义者"之后，杨匏安还介绍了路易·勃朗和蒲鲁东，认为他们都是法国著名的社会主义者。杨匏安指出，路易·勃朗的学说被世人所称道，他主张在生产上实行"各尽所能"，在消费上"各取所需"，又主张"以国家为本位"的平等主义。杨匏安指出，蒲鲁东不满宗教的社会主义和国家社会主义，主张避免宗教和国家的"权威"，他既"排斥私有财产"，又反对共产主义，试图以"正义、

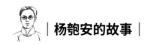

自由、平等为基础"，去"组织新社会"，实现个人"自由劳动"，取得"公平"的报酬，使社会"合于义理"，他以为，理想的政体便是"无政府主义"。

马克思，是杨匏安在对社会主义者的介绍中高度肯定了的一位。首先，他高度评价了马克思的代表作《资本论》——"世称之为社会主义圣典"。进而，对马克思的社会主义给予定位——"学理的或科学的社会主义"，因为他的学说"能以学理为基础"。杨匏安指出，马克思的学说在"近世社会主义之中"占有"重要之地位"。在杨匏安看来，马克思学说的影响，固然因为它正确地分析了近代资本制度发达之后产生的社会问题，更因为它一方面主张"国家社会主义"，另一方面又借助"社会民主党而实施"，所以在德国"势力极盛"。当时，德国工人运动首领拉萨尔实施马克思的理论，国家首领俾斯麦也不敢小看他们。

在现存的杨匏安的文章里，他对社会主义流派的介绍，除马克思主义即科学社会主义之外，还有如下几种：共产主义、集产主义、社会民主主义、国家社会主义、基督教（社会主义）、社会改良主义。

杨匏安对社会主义流派的介绍，并不只是简单的说教，而是运用他擅长的辩证思维，经过梳理、辨析和归纳，用平实的言语进行解说，使国人对纷繁复杂的西方社会主义流派有了一个清晰的了解。他期待民众对社会主义，不仅知道有哪些流派，还要了解各流派的主张、代表人物及其代表作、流派的发展历程和趋势，以及流派之间的相互关系。对马克思主义诞生前后的各种"社会主义""共产主义"学说，杨匏安在肯定它们于发展意义上的成就的同时，指出了它们的空想成分及不科学性。也就是说，他的介绍是全面的、系统的，更是入微的、有鉴别和导向性的。

尤为可贵的是，杨匏安在推介社会主义时，体现出富于前瞻性和启蒙性的时代精神。当他对社会主义思潮进行介绍时，西方资本主义的弊端日益暴露，社会矛盾激化，正如梁启超所形容的那样，资本主义像一艘在茫茫大海中迷失方向的航船。在东方人的目光中，资本主义原有的光辉已渐消失，中国人开始从俄国十月革命的曙光中看到了新的前途。在这一历史的转折关头，杨匏安传播了欲要否定资本主义的各种学说，恰好为中国人重新思考中国前途、寻找革命道路提供了理论参考。

从事宣传马克思主义，是杨匏安革命生涯的起点。在介绍社会主义流派中，杨匏安以对马克思主义的介绍最为详尽。他明确界定，马克思主义是"科学社会主义"，对马克思主义给予高度评价，并对它的三个组成部分——唯物史观、阶级斗争学说和剩余价值理论作了系统、全面的介绍，以及扼要的、精辟的阐述。

应该说，五四运动之后，马克思主义传播的主要地区是北京和上海，但广东也紧随其后。

俄国十月革命爆发后，李大钊先后发表了《法俄革命之比较观》《庶民的胜利》和《布尔什维克的胜利》等文章，讴歌俄国革命的胜利。在这段时间里，《广东中华新报》则刊出了《俄国京都又大乱》《俄人废政府以兵》《俄都已归过激党》《俄国之废弃商约》《列宁争胜利之原因》等文章，较为及时地报道了十月革命的相关情况，这是目前所见的广东最早报道十月革命的消息。这是对李大钊等为俄国革命欢呼的热烈响应。报道分析了俄国革命成功的原因，认为是革命派主张符合了广大人民的希望，并认为因为有列宁，历史上"顿增一种异彩"，充分肯定列宁领导的十月革命的伟大功绩。

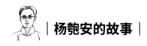

在华南地区传播马克思主义，与李大钊等人相呼应的，正是杨匏安。他发表在《广东中华新报》上的《马克斯主义》，以及发表在《青年周刊》上的《马克斯主义浅说》，都没有停留在一般的知识性介绍，文章的字里行间，洋溢着他对马克思的敬仰及对其学说的推崇。

杨匏安高度评价了马克思主义的问世，对世界理论界以至社会主义运动的划时代影响。他指出：自马克思出现，"从来之社会主义，于理论及实际上，皆顿失其光辉"。他认为，1848年《共产党宣言》发表，至1867年刊行《资本论》第1卷，这20年间，马克思主义思潮达到最高潮。在当时的社会主义思潮中，他的思想"占着最重大的势力"。杨匏安尤其推崇《资本论》，充分肯定它被"劳动者奉为经典"，高度评价它的价值。

杨匏安介绍了马克思的唯物史观、阶级斗争学说和剩余价值理论三个方面，涵盖了其学说的全部内容。

第一，唯物史观——科学社会主义的基础。

杨匏安提纲挈领地提出，马克思主义的科学社会主义是以唯物史观为经，以革命思想为纬，马克思"科学的社会主义"，"以唯物的史观论为基础"。

什么是唯物史观？通俗地说，便是用唯物主义的观点去观察和解释历史的发展，亦即把历史的发展放置在物质的基点上。杨匏安正是从这最清晰的理解出发，首先肯定马克思唯物史观中关于历史发展动力的学说。他认为，马克思否定了历史发展的根本原因——"天之创成"，而把它归结为"地之生产"，即以"技术及经济"的原因，去解释世间的"一切"以及精神现象，认为"生产上之变化"，"即历史变化"的起因。因为，在马克思看来，由于生产的发展，产生了"阶级"，发生了"阶级之战争"，这就是"人类之历史"，故历史时期的划分，依据"生产之手段"，即"器具机械"。

显然，杨匏安阐发了唯物史观的重要观点，即"经济犹基础"，一个国家的"法律"，是由这个国家的"社会经济决定"，并随着"经济"的"重大变化"而变化。这样的观点，对那些不知历史是什么的中国人，对那些一直以为历史是"圣贤"意志左右的结果的中国人来说，无疑是振聋发聩的。

在明确了经济是社会国家的基础这一观点之后，杨匏安进而指出，马克思的唯物史观认为，社会发展是有规律的，这种规律可以用科学的方法去探求。因为社会经济现象本来就是"一种天然物"，它的"全部"即是"社会生活的物质"，因而经济现象的"生存毁灭"变化，亦即"物质的运动"，既然物质运动有规律，那么社会的发展也就有规律。

杨匏安认同社会发展的客观性和规律性，但他同时指出，唯物史观"不否认理想的作用"。他说，无论过去或未来，人的"社会理想"，即人们的思想意识，都是改变"法律及社会秩序"的直接原因，但是人的善恶观念，绝不能脱离物质世界，它并非独立存在，并不是"社会变迁之最终的原因"。实际上，它不过是"一种社会经济的影子"，正因为有了这种社会经济，然后一切理想才能发生。

这里，杨匏安介绍了唯物史观的一个重要观点："社会存在决定社会意识，社会意识是社会存在的反映。"由于"社会理想既全为社会经济的影子，而非改革社会制度之最终的原因，是故社会制度之改革，必不能恃其社会的理想，而必由于阶级之战争"，因此阶级战争便是经济现象的结果。就是说，在阶级社会中，社会制度的变革是由经济发展来决定，由经济基

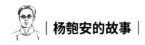

础造成的阶级斗争，是阶级社会发展的动力。

杨匏安清晰而准确地使用了唯物史观的基本概念——生产力与生产关系、经济基础与上层建筑；通俗而简明地解说了唯物史观的基本观点——生产力决定生产关系，经济基础决定上层建筑。这就给中国人介绍了如何科学地解释历史，解释社会革命产生的根本原因，因而也就向中国人传递了最新的革命理论。

第二，阶级斗争学说——与唯物史观密不可分的内容。

因保留的资料不全，在"世界学说"里，杨匏安对马克思主义阶级斗争学说的介绍比较简单。后来发表的《马克斯主义浅说》中，则有比较详尽的阐述。

杨匏安认为，马克思的阶级斗争学说"是和唯物的历史观很有密切关系的"。在他看来，鉴于马克思的唯物史观，把社会的变迁归结为社会经济的发展，因而对"阶级竞争"产生的原因，马克思认为是由于"土地共有制度破坏"，因此"经济的构造，便建筑在阶级对抗上头"。进而，杨匏安介绍"阶级"的定义："所谓阶级，即经济上利害相反之阶级。"而所谓"利害相反"，便是一方占有"土地或资本等生产之手段"进行"压服掠夺"，而另一方"受压服掠夺"。杨匏安还介绍了马克思对"此两种阶级"的对抗，在不同的时代有不同的表现形式，也因此有"亚细亚""欧洲古代""封建""现代资本家"等不同社会形态的更迭。在马克思主义里，这种更迭代表着不同阶级组织的"进化阶段"。

杨匏安特别强调马克思关于阶级斗争发展趋势的理论。他介绍说，"从来一切社会的形式，都建筑在压迫阶级和被压迫阶级的对抗上面"，但在资本主义社会之前，被压迫阶级至少得到他们能够"维持生存的条件"，而资本主义社会里劳动者已经"沉沦到自己阶级的生存条件以下"，于是"有产阶级的存在，已不适合现在社会了"。马克思预示，资本主义社会的阶级斗争是最后的"敌对形式"，而它随着"资本家的生产方法"的终结而"告终"。

杨匏安介绍和阐明马克思关于阶级划分以及阶级斗争的经济本质的深刻思想，并指明马克思对阶级斗争发展趋势的历史预见，这些无不使中国国民耳目一新。

第三，剩余价值学说——全部学说的基础。

杨匏安明确而深刻地指出，马克思的经济学说，即剩余价值学说，是他全部学说的"基础"，它的宗旨"不仅指斥资本家之贪婪，而在于揭破资本主义之不公"。

首先，杨匏安详尽介绍马克思关于资本主义剩余价值产生过程的阐述。在马克思看来，人的物质生活必须具备两个方面，即生产工具和生活用品，但在近代，只有少数人拥有这两个条件，多数人则只有一个条件，因而不得不出卖"劳动力"给资本家，按照价值规律进行交换。然而，"劳动力之价值"等于"培育此劳动力之劳动"，当劳动者的劳动超出这个数之后，他的劳动所产生的价值，就是"赢余价值"，即"剩余价值"。譬如，一个劳动者"每日所需之生活品"，只需要 6 小时的劳动去创造，但资本家却要他每天工作 12 小时，这超出 6 小时之外的劳动所创造的价值，就是"剩余价值"，它被资本家"攫为己有"。资本家在雇用工人时，正是看中超出 6 小时之后所创造的这个"剩余价值"。资本主义生产的目的，即"资本经济行为的动机"，就是追求扩大"赢余价值"。

马克思剩余价值学说的社会意义在于，揭示了资本主义社会劳资对立

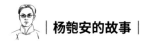

和经济危机产生的根源，以及社会经济发展的趋向。杨匏安介绍说，因为劳动者的"工作时间愈长"，"资本家所攫之赢余价值愈多"，故一方面资本家总想"延长劳动者之作工时间"，另一方面劳动者"自然要求减短"，于是双方必然产生"冲突"。又由于"私人攫取生产的结果"，必然出现"生产太骤"，生产发展过于快速，但"社会上之购买力有限"，"货物未能流通"，社会产品供过于求，商品过剩，因而便产生"经济恐慌"，即经济危机。经济的竞争，给社会带来的是"财力最雄厚之资本家"，"操纵社会一切之生产"；而社会大多数的人，则"无自立希望"，结果境遇愈困迫，反抗的意志就愈强，他们一旦夺取了国家政权，便会变生产资料私有为国有，以解决资本家的束缚，这也是"近代社会经济制度所必有之结果"。

马克思对资本主义社会的生产关系作了深刻的分析。杨匏安介绍说，资本主义的生产就是资本家利用机械化大生产的方式奴役广大劳工的过程。资本家对生产结果的掠夺，便酿成了人与机械之争的矛盾。近代社会虽因资本制度推行而日益发达，但也造成了巨大的贫富差距和种种社会罪恶。

马克思断言，现在的社会状态，正是广大劳动者奋起革命，以求自身解放和社会改造的大好时机。

恩格斯在马克思墓前的演说，曾高度评价马克思对人类的贡献，肯定唯物史观和剩余价值学说是他的两大发现。杨匏安的《马克斯主义》紧紧抓住马克思学说的主要贡献进行评介，把马克思创新的理论观点和历史预见向国人进行启迪。可以说，杨匏安在早期传播马克思主义中的地位与贡献毋庸置疑。过去研究者虽基本持肯定态度，但对杨匏安的历史地位并未给予充分的重视和应有的评价。

　　杨匏安 1919 年发表《马克斯主义》一文的前后，关于马克思主义的译述文章也有不少。比较有代表性的，如 1919 年发表的张闻天的《社会问题》，李达的《社会主义的目的》，高一涵的《选举权理论上的根据》《俄国新宪法的根本原理》；1920 年发表的陈独秀的《谈政治》，李汉俊的《劳动者的"国际运动"》及《我在俄罗斯的生活》；1921 年发表的瞿秋白的《共产主义之人间化》等。这些文章的内容要么局限于对马克思生平的简介，要么是对马克思著作个别观点的摘译，因而对马克思主义宣传的全面性和系统性，均无法与杨匏安的《马克斯主义》相提并论。杨匏安的《马克斯主义》与李大钊的《我的马克思主义观》（下）发表的时间"几乎是在同时"。

　　著名的马克思主义理论家龚育之教授在杨匏安诞辰 100 周年纪念大会的讲话，充分肯定了杨匏安的《马克斯主义》一文的理论贡献。他认为，这篇文章的"价值和贡献""在于他对《新青年》介绍马克思主义的呼应之迅速""在于它在两大中心之外的广州开辟了一个传播马克思主义的中心""在于它在传播的时候明确表示拥护马克思主义的立场和热情"。在龚育之看来，做到"这三点"的人，在当时尚不多见，而正是"这三点"，使杨匏安同李大钊站在同一营垒，在中国马克思主义早期传播的历史上占有显著的一席位置。

　　对杨匏安在传播马克思主义方面的评价，学术界的意见并不完全一致。在近年，有学者对杨匏安的《马克斯主义》作了考证，认为该文与顾兆熊的《马克思学说》、李大钊的《我的马克思主义观》（上）以及陈启修的《马克思的唯物史观与贞操问题》"在字句和内容上，存在着明显的相对应的关系"，因而认定杨匏安的文章"可能来自顾、李、陈三文"。对杨

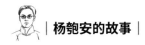

匏安是如何接受马克思主义，以至世界学说，这无疑是深化对杨匏安研究的一个重要课题。近代以来，中国学者接受的外来文化更多来自日本，十月革命后又来自俄国。杨匏安曾留学日本，而他的家乡广东则得"地利"的优势，与海外的交往极其频繁，当年没到过日本的康有为，也能从商人手里得到从日本带回的国外书籍。杨匏安的马克思主义学说来自何方？当然不应排除来自北方学者，但不能因此而否定他有可能早年在日本已受到马克思主义学说的影响；更不能因此而低估他在南方传播马克思主义的历史功绩。在国共合作中与杨匏安打过对手的蒋介石，撤离大陆，到了台湾后，于1956年出版的《苏俄在中国》一书中，也称"杨匏安是一个纯粹的马克思主义者"。

应该承认，杨匏安在中国传播马克思主义的过程中的贡献与李大钊相比，差距是明显的。这中间，既有主观认识的差距，同时也有客观条件的不同：李大钊的《法俄革命之比较观》《庶民的胜利》《布尔什维克的胜利》及其介绍宣传马克思主义的文章，多发表在全国影响极大的《新青年》上；而杨匏安的文章则刊登在知名度不高的地方性刊物《广东中华新报》上。两个刊物的影响范围不可同日而语。另外，杨匏安以编译的形式刊登了《马克斯主义》，虽然在篇幅选择上明显地体现了作者的倾向性，但仍作为众多学说之一种来介绍，显然不如李大钊的《我的马克思主义观》那样在文中集中一点介绍马克思主义，因而李大钊态度更鲜明，读者会更注目。但绝不能因此而否定杨匏安在中国南方较早系统传播马克思主义这一历史事实。

尤为可贵的是，杨匏安对马克思主义的宣传方式，更能为普通读者所接受。他在《广东中华新报》发表的"世界学说"一组文章，先推介西方各类哲学流派，而后到社会主义思潮，在社会主义流派中介绍马克思主义；先将西方哲学发展的历史过程，全面地展现在读者面前，又在介绍马克思主义的同时，将其他社会主义流派展现出来，给读者全面和整体的印象，便于广大读者在全面地了解和把握西方学说中进行理性选择。此外，杨匏安还发表了《〈青年周刊〉宣言》《谁生厉阶？》《无产阶级与民治主义》等文章。客观上，他确实在广州开辟了介绍和宣传马克思主义的又一个中心，因而后人将其与李大钊以"北李南杨"的美誉并称，他当之无愧。

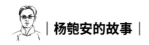

参加党团，举起革命大旗

五四运动后，随着马克思主义在中国的传播及其同中国工人运动的初步结合，建立工人阶级政党的任务被提上议事日程。

1920 年 8 月，中国最早传播马克思主义的中心之一——上海，成立了全国第一个共产主义小组，陈独秀为小组负责人。他去信约请自己的学生谭平山，在广州成立相应的组织。同年 8 月，在谭平山等人的努力下，广州社会主义青年团组织成立。该组织的宗旨是："研究社会主义，并采用直接行动的方法，以达改造社会的目的。"研究和宣传社会主义，以实际行动来改造现实社会，这便是广东青年运动的历史任务。杨匏安是全国第一批社会主义青年团成员，是华南地区最早一批富有马克思主义信仰的革命青年。青年团，是共产党的助手。

1920 年八九月间，米诺尔和别斯林受共产国际代表维经斯基委派，来到广州组织"革命局"的工作。经过与无政府主义者一段时间的接触后，他们共同成立了广东"共产党"，由米诺尔、别斯林和 7 名无政府主义者担任党的执行委员。同年 12 月，陈独秀应邀从上海到广州，出任广东省教育行政委员会委员长。1921 年春，经过认真酝酿、准备，陈独秀、谭平山、谭植棠、陈公博及米诺尔、别斯林等人改组了广东"共产党"，成为新的广州共产党早期组织，由陈独秀任书记，以《广东群报》作为党组织的机关报。这一年，杨匏安经谭平山介绍加入了中国共产党。杨匏安入党后，他居住的杨家祠成了党组织的活动据点，党的许多会议是在这里召开的。

1921年五六月间，已加入上海共产党早期组织的林伯渠到广州后，还曾找杨匏安和谭平山等人进行过两次座谈。

"真理是为实践的"，这是杨匏安的信条。因而在马克思主义的宣传中，他既启迪和引导国人，又深化自己对西方先进思想的理解，把它内化为自身的理念和信仰，成为他矢志不渝的人生追求。马克思主义的指导，使杨匏安在政治上有了新的追求。正因此，他渐渐由广东有知名度的"青年学者""青年理论家"，而成长为早期共产党组织成员。加入中国共产党，杨匏安开始了人生的新历程，自此积极投身于党组织的各种活动。

1921年7月，中国共产党第一次全国代表大会在上海召开，宣告中国共产党成立。当时全党仅有50多名党员，杨匏安为其中的一员，虽然没有出席党的一大，但他对中国共产党早期的思想和组织建设，作出了永垂青史的历史贡献，为党的建设写下了不可抹去的一页。

五四运动爆发那年，杨匏安23岁，正血气方刚。如其他同龄人一样，他满怀豪情，积极投身社会运动大潮，奉献自己的青春和热血。更难能可贵的是，他在投入热情的同时，也理智地观察和思考着身边发生的一切，以合乎时代潮流的真知灼见开启社会各界特别是青年的头脑。

近代以来的广东，可谓风云际会，大多数思想启蒙和政治运动与这片热土有很深的渊源，南粤青年无疑是这些运动的主力军。经历了五四运动的锻炼和洗礼，他们参与运动的热情更为高涨，意志更为坚强；他们摈弃了"教育救国""和平行事"的幻想，以实际行动进行坚决的斗争；面对反动当局的高压政策，他们不退缩、不动摇，开展抵制日货、提倡国货

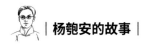

的运动，积极探求振兴民族工业的途径，把斗争的矛头直指军阀和帝国主义，将经济斗争与政治斗争结合，有意识地与工农等社会力量联合起来。

杨匏安就是站在青年队伍前列的佼佼者。五四运动后期，广州发生了一件不可思议的事。当时部分学生、市民，因受蒙蔽，竟然把攻击矛头指向爱国华侨蔡昌、马应彪等人，指控他们在广州创办的真光、大新、先施三大公司为"亡国公司"，列为"打倒"对象。

目睹此状，《广东中华新报》主笔陈大年首先发表《商榷书》，为三大公司辩解，遭到围攻。之后，《广东中华新报》发表题为《三公司风潮之观察与批评——某学者之谈话》，进一步回应了带有不良倾向的社会思潮。据后人考证，文章作者正是杨匏安。

该文仅保留后半部分，如今读起来，也不难感受到作者对华侨爱国精神的高度赞扬，对民族工业作用的高度肯定，对打倒三大公司危害性的入微剖析，以及对社会舆论的正确引导。

由于有留日的经历，杨匏安深知华侨的不容易。在文中，杨匏安告诉民众，要知道华侨在国外积累一点财产是那样含辛茹苦、忍辱负重，受尽寄人篱下之苦，出于一片爱国之心，才回国投资经营。杨匏安肯定地说，三公司的成立和发展壮大，对广东社会贡献良多：他们激发了粤人经商的雄心；"栽培了社会信用"；有益于内地工业发展；移风易俗、增强城市活力；美化城市环境，彰显国人气魄；带动慈善公益事业发展。

杨匏安进而指出，对国家和社会有着良好影响的公司，如今反遭到比国外更为野蛮的待遇，岂不令人心寒？他认为，"吾粤命脉在于海外华侨"，推倒三公司的举动，损失有形的千万金钱事小，"灰华侨归国兴业之心"则关系重大，影响所及不仅在广东的金融，而且将波及全省经济。他认为更可怕的是，待认识到事态的严重性时，局面已无法控制。

他不无忧虑地说，"此项运动，虽发起于学生界，然能发不能收。现在进退之权，已不操之学生界之手，而操诸营洋货业诸小资本家之手"，远已超出学生运动。他中肯地指出，此次风潮虽有可以启示的一面，但此类事件不可再次发生。

杨匏安在文中由此展开，揭示了社会存在"思想专制、言论专制"的危害性，告诫人们应该从中吸取经验和教训。他认为："大凡健全发达之社会，其重要条件，厥为自由言论之流行。"他形象地比喻，自由言论对于社会，犹如呼吸器官对于人体那么重要，当一个人呼吸受阻，必然导致人全身血液积滞，影响人体的新陈代谢，这时他就离死亡不远了；对国家社会而言，公众意愿无法充分和自由表达，公众利益得不到维护，就如同人体的血液循环受阻的结果一样。每当社会发生问题，都以最简单的直觉和激奋的感情，而得出直截了当的结论，有时也能作出合情合理的判断，但大多数时候会似是而非，致使群众误入迷途，不知不觉间陷于万劫不复之深渊。

杨匏安从哲学的高度指出，凡事必有两端，是中有非，非中有是，必须权衡得失、量度是非，才能明了真相。对事情的判断，常常需要在长时间自由争论之后，达成多数人的一致意见，这样虽然未必一定能判断准确，但比起依靠直觉判断、感情用事所得出的结论更科学，这就是言论自由的意义所在。每当国家发生大事时，尤其需要如此，但反观时下的社会情形，常常是俗论愚说流行于世，虽有一些明达之人知道这样会亡国丧邦，却无奈众口一词，容不得不同声音。这种思想专制、言论专制的祸害，甚于百倍政治专制。更可怕的是，国人早已深中这种专制之毒而无动于衷。

文章认为，这次活动中，学生本意是奋起救国，让人钦佩，其中有些过当的举止，社会各界理应给予纠正，但人们不论对错而拼命附和，结果反而致使学生做出不义之举。倘若有人敢于出面指出这些过失，青年们纵然不一定完全接受，难道会连听一听意见的意愿都没有？杨匏安语重心长地劝告广大青年学生，由于年纪尚小，对他人的意见"听之实有益"，年轻人有必要听取高明者的"指导"，"与其后悔，宁今自谦"。在救国这等人事上，"须合老幼男女为之，岂可拒老诚人于千里之外耶"？

这篇文章有理有据，精辟深透，充分表达了作者忧国忧民的赤子之心。作者的肺腑之言，感人至深，确为引导青年一代健康成长的金玉良言。

以理论开路，引领广东青年的革命活动，是杨匏安引领青年运动的一大特色。在广东五四运动如火如荼开展之际，杨匏安在《广东中华新报》上发表了《青年心理学》，对照之前在《东方杂志》发表的《原梦》，足见他对青年心理的关注。他的良苦用心，不仅仅是为了向国人传播新学说，而且是为了青年一代的成长，这为他后来青年工作的开展提供了理论基础。

1920年底，杨匏安经常发表文章的《广东中华新报》被陈炯明查封。经好友陈大年推荐，他先后转到南武中学和省立甲种工业学校任教。这两所学校的学生运动十分活跃，尤其是省立甲种工业学校，五四运动以后，一直是广州学生进行反帝反封建斗争的重要阵地。著名共产党人、革命烈士阮啸仙、刘尔崧、张善铭、周文雍等人，都曾在该校就读。

周文雍还是杨匏安教过的学生，他非常敬佩杨匏安这位品格高洁、才华横溢的老师。

当时，各种社会思潮汹涌，涉世不深的青年面对复杂时局、繁多的思想流派，难免产生思想混乱。最先成立的广州社会主义青年团，虽号称拥护"社会主义"，但其组织成员对"社会主义"却存在各不相同的理解，组织内无政府主义、新村主义、基尔特社会主义等，都很有市场，内部四分五裂。为改变这种状况，党组织决定成立广东社会主义青年团，并于 1922 年 2 月创办《青年周刊》作为机关刊物，以加强对团员的教育引导。在总编辑杨章甫的主持下，主要撰稿人杨匏安针对团员和青年的现实思想，在创刊号上以"夂幺弓"为笔名，发表了创刊《宣言》。《宣言》开宗明义宣告："我们最服膺马克斯主义！"文中运用马克思主义的立场、观点、方法，结合中国的实际，观察分析社会、国家和人民的命运，旗帜鲜明地号召广大青年，立志为伟大的共产主义事业奋斗。

1922 年 3 月底至 4 月初，杨匏安又在《青年周刊》第 4—7 号发表了《马克斯主义浅说》这篇近万字的文章，用白话文体，通俗而系统地向青年读者介绍了马克思主义的唯物史观、阶级斗争理论和政治经济学三个组成部分，比 1919 年发表在《广东中华新报》上的《马克斯主义》更为深入浅出，准确鲜明，在某些方面还作了补充、发挥。杨匏安的写作宗旨十分明确，是为了向广大青年宣传马克思主义，使他们逐步掌握马克思主义基本原理，不断提高政治思想觉悟。文章适应了广大青年学习马克思列宁主义的需要，受到读者的好评。

俗话说，"种瓜得瓜，种豆得豆"。许多青年在《青年周刊》的影响下，思想有了转变，不少青年加入团组织。当时广东全省有团员 500 余人，是全国团员最多的省份。共产国际代表也曾在报告中说道：在广州，

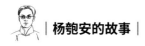

青年团的影响特别大，青年团是合法的，有几百名团员。这一切，同杨匏安启迪青年学习马克思列宁主义不无关系。

杨匏安在《青年周刊》发表的文章，如《〈青年周刊〉宣言》《马克思主义浅说》等，均用注音字母作笔名。文字改革，是文化运动的必要内容，杨匏安曾利用《青年周刊》给青年传导中国文字改革信息，推广当时的注音字母。在杨家祠大门口挂上"注音字母教导团"的牌子，办起了注音字母培训班，既推广国语（现今的普通话），又掩护了党团组织的秘密活动。他们所教的注音字母，成为进步书报宣传革命的工具。

杨匏安生活的年代，是孙中山领导的民主革命屡遭挫折，新生共产党领导的新民主主义革命初露头角的年代。沐浴着瞬息万变的革命风云，杨匏安迅速从一名普通战士成长为领导者。

1922 年 6 月，陈炯明公开背叛孙中山，炮轰总统府，逮捕孙中山的得力助手廖仲恺，为迫害革命者，"枪杀劳工，解散国民大会，压抑民权运动，禁止反对卖省借款，摧残报馆，骚扰市民，造成广东之恐怖时代"。著名爱国报人、《广东中华新报》社长容伯挺惨遭杀害，成立不久的广东社会主义青年团也受到打压。1922 年 10 月 23 日，广东社会主义青年团负责人致团中央负责人的信中提出："现在不似从前，只能半秘密进行。珠评（《珠江评论》）已被查禁，团址因被监视已迁。"

1923 年 5 月，广东团区委改选，杨匏安当选为候补执行委员，与阮啸仙、刘尔崧、杨章甫、周其鉴等人，共同负责全区团的工作。同年 6 月，为了适应提高广大青年学生的政治思想觉悟和促进革命斗争发展的需要，特别是根据建团初期团员人数较少的实际情况，杨匏安提出"为学生利益而斗争"的口号，认为这一口号更富有吸引力，也较容易引导学生参加团组织开展群众性活动。杨匏安与阮啸仙等人，组建了青年团的外围组织——新学生社，社址设在杨匏安住所杨家祠附近，当时的许多信件都寄到广州杨家祠。

杨匏安经常参加新学生社活动。他指导学生学习马克思列宁主义和文化科学知识，为新学生社的发展壮大出谋划策。该社创建后半年多时间，社员从建社时广州一地的 110 多人，发展到整个华南地区 5000 多人，相当一部分社员后来还加入了党团组织，陈永年、沈春雨就是其中的两位代表。陈永年是中山大学学生，由杨匏安介绍入党，成为中山大学党组织负责人之一，四一二反革命政变后被捕牺牲。沈春雨也是学生出身，与杨匏安过往甚密，入党后追随杨匏安多年，1927 年牺牲。

杨匏安这位年轻的理论家，经过五四运动的洗礼、斗争实践的锻炼而成长为青年革命家。他十分关心青年一代的成长，通过发表文章，引导广大青年加强道德修养、走上健康的人生之路；积极向青年灌输马克思列宁主义，推动广东的青年运动。他曾代理中国社会主义青年团广东区委书记，为青年团的发展壮大，为广东早期的青年运动，为中国革命培育年轻的优秀人才，倾注了满腔的热忱，付出了日日夜夜的辛劳。杨匏安不愧为华南地区青年运动的优秀领导者。

第五章

投身革命
领导工运

1

重心转移，推动国共合作

20 世纪 20 年代初，中国的政治、经济状况和京汉铁路工人大罢工惨遭失败的教训，使中国共产党人进一步认识到要推翻帝国主义和封建军阀在中国的统治，仅仅依靠工人阶级的力量是不够的，应该建立工人阶级和民主力量的联合战线。此时的孙中山也希望与共产党合作，挽救"正在堕落中死亡"的国民党，以恢复国民党的革命精神。

1923 年 6 月 12 日至 20 日，中国共产党在广州举行第三次全国代表大会。大会决定采取共产党员以个人身份加入国民党的方式实现国共合作。这一时期，共产党的各级组织做了许多思想工作，动员共产党员和进步青年加入国民党，积极推进国民革命运动。在共产国际和中国共产党的建议和帮助下，孙中山排除万难，积极推进国民党的改组工作。同年 10 月，国民党临时中央执行委员会在广州成立，共产党人谭平山任委员。其后，党组织派谭平山、杨匏安二人为中共在国民党中的党团书记。此后，杨匏安的工作重心转向从事党的统一战线工作。

国民党的改组从 1923 年 10 月开始，在中国共产党的建议下，在政局较稳、群众基础较好的广州试行改组。1923 年 11 月 11 日，孙中山召开党务大会，宣布在广州进行两个月的改组试点工作。大会决定按警察管辖区域划分，把广州分为 12 个区，按区自下而上地组织国民党区分部、区党部，并明确以区分部为国民党的基本组织。中共广东区委十分重视改组

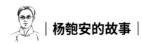

试点工作，选派了杨匏安、阮啸仙等一批共产党员参加试点工作。他们深入广州的国民党组织，帮助召开党务会议，协助办理党员登记，筹建各级党部和分部，动员广大革命工人和学生青年参加国民党，全力投入改组工作。到 12 月底，广州市各区的国民党区党部、区分部基本上建立起来。杨匏安被选为第十区执行委员兼秘书，主持该分部的日常工作。

这一时期，由杨匏安、阮啸仙等共产党人和国民党骨干联合开展的试点工作是卓有成效的，截至 1924 年 1 月 12 日，国民党广州市党部已建立了 12 个区党部（其中 9 个正式区党部、3 个代理区党部）、66 个区分部、3 个特别区分部；党员登记数达 8218 人，其中工人占 60%，总数比两个月前增加 4569 人。

国民党广州市党部的试点经验为向广东省乃至全国铺开改组工作提供了有效的借鉴。由于杨匏安在试点工作中表现出的组织才能，使他不仅获得了广大党员群众的普遍认可，也得到国共两党重要领导人的一致肯定。1924 年 1 月，中国国民党第一次全国代表大会在广州举行。会议事实上确立了"联俄、联共、扶助农工"的三大革命政策，标志着第一次国共合作的正式形成。在国民党一届一中全会上，谭平山被选为中央常务委员和组织部部长，杨匏安担任组织部秘书。国民党中央组织部是国民党中央党部下设的八部之首，是主管国民党在全国各地的组织工作和干部工作的职能部门，不仅要负责各地干部的任免、调配等事宜，还要研究制定有关人事方面的政策等。当时，国民党改组工作正在全国开展，正是建章立制之时，各地改组人员的选派以及各地党务指导工作都由该部负责，其繁忙程度可想而知。谭平山兼任国民党中央常务委员，参与处理国民党各个方面的要务，组织部的日常工作实际上主要由杨匏安主持。

改组国民党，实行国共合作，并不是一帆风顺的。国民党一大召开之时，就有广州代表方瑞麟主张在党章中增加"本党党员不得加入他党"的条款，目的是反对共产党员"跨党"，虽然该提案被大会否决，但国民党内的右派分子仍然极力反对国共合作，抗拒改组。国民党地方党部的改组也困难重重，有些还遭到贪官污吏和土豪劣绅的阻挠。面对这些错综复杂的矛盾和斗争，杨匏安始终坚持贯彻中国共产党制定的统一战线政策和国共合作的方针，做到"兵来将挡、水来土掩"。无论是"暗流涌动"，还是"惊涛骇浪"，杨匏安都能自如应对，既坚持原则又灵活审慎地处理国共两党之间发生的矛盾与纠纷，有力地维护了两党的团结合作。

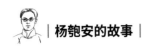

2
出谋划策，平定广州危机

1924年，广州发生了商团武装叛乱事件。广州商团原是1912年广州商会建立的商人自卫组织，最初目的是"防御内围、保全生命财产、维持公安"。自1919年英国汇丰银行广东分行头办陈廉伯担任广州商团总长后，商团的性质逐渐发生了变化，成为在帝国主义支持下的反革命武装。到了商团叛乱前夕，其规模已有10个团，约4000人，连同后备力量可达6000余人。

1924年8月，商团违法从国外购进大批军火，广州革命政府当即将其截获并封存于黄埔军校。陈廉伯等人悍然宣布成立所谓"商团联防总部"，组织了1000多人穿起军服到大元帅府"请愿"，要求发还枪支。遭到孙中山拒绝后，陈廉伯于8月20日将商团联防总部转移到佛山，企图发动叛乱，后甚至通电各县商团驱逐县长，宣布独立。英国军舰也开到广州白鹅潭，公开支持商团，对大本营实行外交和武力恫吓。而驻在广州的滇军、桂军则隔岸观火，还以"调解"为名，向孙中山施加压力。

10月10日，广州市各界团体在广州第一公园（今人民公园）举行纪念武昌起义十三周年集会，到会五六千人。会后举行示威游行，队伍行至太平路时，突遭广州商团开枪射击，当场死伤群众百余人，这就是"双十惨案"。商团还到处张贴"驱逐孙文""打倒孙文"的标语，企图制造更大规模的叛乱。

面对严峻的形势，中共广州地委和青年团广东区委于 1924 年 10 月 11 日联合发表《为双十节屠杀事告广州市民》，号召革命群众团结一致，解除商团武装。孙中山在共产党人和各界革命群众的支持下，逐渐坚定了平定商团叛乱的决心，成立了平叛指挥革命委员会。10 月 13 日，孙中山下令镇压商团。10 月 15 日，各地商团陆续缴械，各商店开市，平叛取得胜利。杨匏安与谭平山、周恩来、陈延年等一起参加了革命委员会的工作，发动领导工人、学生、妇女、农民等团体共同斗争，对镇压商团叛乱起了很大的作用。

11 月，谭平山因故辞去国民党中央执行委员会常务委员和组织部部长之职，国民党中央常委会决定由杨匏安代理组织部部长。杨匏安的工作也因之更加繁忙。

1925 年 3 月 12 日上午，孙中山在北京病逝。消息传来，人们都陷入悲痛之中。3 月 13 日，国民党中央党部召开广州市各级国民党党部执行委员会联席会议，研究悼念孙中山事宜。会议决定，组成国民党中央悼念孙中山先生筹备委员会，杨匏安与廖仲恺、胡汉民、黄居仁等 16 人任筹委会委员。会议当天，在第一公园追悼孙中山，万余人参加追悼大会。4 月 12 日，广州隆重举行孙中山追悼大会，广州市各界团体 20 余万人参加了追悼大会。随着各地追悼会的宣传，孙中山的"新三民主义"和"联俄、联共、扶助农工"的三大革命政策更加深入人心。

然而，几个月后，广州再陷危机。1925 年 5 月，在广州的滇系军阀杨希闵、桂系军阀刘震寰与帝国主义勾结，意图推翻革命政府。他们以"滇桂军全体国民党员"的名义散发传单，叫嚷"反赤化"，同时开始了占领广州的军事行动。6 月 4 日，杨、刘发动武装叛乱，先后攻占省长公署、

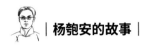

粤军总署和财政厅等政府机关。广州革命政府急令东征军迅速回师，于6月12日击溃叛军，广东革命根据地得以巩固。

杨、刘叛乱得以迅速平定，归功于革命军队的英勇顽强，但也与共产党人大力发动工农群众支援密切相关。在此过程中，杨匏安作出了积极贡献。为了便于开展工作，当时杨匏安住在芳村永乐园，每天到士敏土厂办公（此时大元帅府大本营已迁到士敏土厂），参与谋划平叛之事。永乐园是杨匏安早年间建立的革命活动基地。原来在杨匏安的影响下，义妹康景昭和黎演荪都走上了革命道路。康、黎二人成婚后，在芳村购置杨桃园组织小农场，名为永乐园。杨匏安就在永乐园建立了中共广东区委的秘密指挥部，既方便就近组织工农革命力量，又可以在必要时夺取和控制重要交通干线。这一时期，杨匏安正好利用此地监控杨、刘叛军的动向，为平定叛乱出谋划策。

由于此前杨匏安等人在此开展革命活动，这一带拥有很好的工人基础，工人们都积极拥护共产党的政策，支援革命斗争。按照中共广东区委的布置，1925年6月7日，共产党人发动广三、广九、粤汉三铁路工人罢工，并切断叛军的电源和电话线路。同时，电船、民船工人也宣告罢工，使得叛军无法利用交通工具调动军队，也无法获得军械，受到沉重打击。而杨匏安、杨殷等人也在平定杨、刘之役中受到了革命斗争的锤炼，迅速成长。

1924年秋，中共中央决定将中共广州地方执行委员会改组为中共广东区执行委员会，管辖范围除广东、广西两省以外，还兼及福建省西部、南部及香港地区。最早由周恩来担任中共广东区委委员长（后称书记），后由陈延年接任。杨匏安当选区委监察委员后，在长期的工作中，与周恩来、陈延年，以及后来担任区委军事运动委员会书记的张伯简等人结下了深厚的革命友谊。

据同寄居在杨家祠的杨淑珍（杨章甫的七妹）回忆，当时中共广东区委的很多会议都在杨家祠召开。杨匏安、杨章甫和张伯简三人长期劳累，都患有肺结核。杨母陈智经常为他们煲中药，有时候张伯简不来杨家祠开会，就叫儿媳吴佩琪送药去军事部。杨匏安的儿子杨明也回忆道，以前陈延年经常在杨家祠附近练习打气球。周恩来曾送给杨匏安一个铜制的墨盒，盒盖上刻着"匏安兄文玩　周恩来"，可惜后来遗失了。

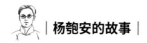

3

省港罢工，遭受二次入狱

中国共产党是中国工人阶级先锋队。其首要任务是不断壮大自身力量，教育和发动广大工人，提高他们的觉悟，组织起来，为本阶级和全体人民的利益而斗争。杨匏安和他的战友，在广东党组织的安排下，深入工厂和车间，开展了大量的工作，迎来了中国共产党成立后第一次工人运动高潮的到来。

人是有意识的动物，人们的行为总是带有一定的目的。工人为自身生存而奋起抗争是自发的，然而在中国共产党成立之后，这种自发的抗争，逐渐走向自觉的、有组织的社会运动。投身于工人运动的杨匏安，对工人运动的意义和工人阶级的状况有着比较清醒的认识。1922 年初，他在《〈青年周刊〉宣言》中作出了这样的分析：虽然中国现在的工业发达程度，远不如欧美和日本，但是中国无产阶级所遭受的压迫，却更惨痛。一方面，中国资本家的力量，比不上外国资本家的雄厚，所以他们掠夺剩余价值尤其厉害；另一方面，中国工人较为幼稚，没有坚固的抵抗组织，所以他们的地位日益低下。杨匏安指出，自从中国共产党组织成立，这种状况开始发生变化，在各级党组织和广大党员的宣传和领导下，工人们有了觉悟，懂得进行非妥协的阶级斗争。在总结已有经验之后，杨匏安进而推断，在这样的条件下，中国共产党注重劳工运动，就是要提高工人们的觉悟，帮助他们组织工团、工会，使他们学习支配管理生产机关，在不久的将来，工人们有相当的教育和训练后，自能用总罢工的手段实行革命。

根据党组织的安排，杨匏安与杨殷等同志开始深入工人群众。他们首先到产业工人较集中的地区，如石井兵工厂，以及广九、广三铁路等，开展工作。

当时，广东工人内部比较复杂，表现在：其一，思想驳杂，工人中小生产者思想、无政府主义的思想、工团主义、封建行会思想、资产阶级改良主义等，无不流行，而且因地缘关系，受殖民主义、资本主义和封建买办思想的影响较深；其二，工人组织散乱，成分复杂，工人大多数来自农村的破产农民或小手工业者，产业工人很少，工人团体中行会帮派林立。

面对这种状况，杨匏安和杨殷等认为，既要使工人从行会帮派以及错误的社会思潮中解脱出来，又要使工人群众懂得为自身利益而斗争。于是，他们一方面利用先进的思想教育工人，戳穿形形色色的资产阶级的、封建主义的各种改良主义思想伪装，使广大工人醒悟过来；另一方面，通过解决工人最为关切的自身利益问题，开展发动工作。他们从实际出发，十分注重培育工人运动的骨干力量，依靠他们团结广大工人，壮大党组织，积极开展保障和争取自身合法权益的斗争。

1922年夏天，经杨殷推荐，杨匏安担任粤汉铁路局广州分局编辑部主任，编辑《铁路公报》等刊物，杨匏安利用这个公开的合法身份开展工人运动。他深入工人群众中，了解工人疾苦，结合工人实际与社会现状，用马克思主义对工人进行宣传、教育，以启发工人的阶级觉悟。杨匏安又以他所主办的刊物，作为宣传马克思主义的阵地。他还针对工人的切身问题，组织工人座谈讨论，启发工人认识组织起来的重要性，号召他们积极参加工会活动。

在工人运动中，杨匏安的中坚作用得到了工人的拥戴和肯定。1922 年下半年之后，他先后担任了中共广九铁路支部书记，以及中共广州粤汉铁路支部书记。

在石井兵工厂，杨匏安放下知识分子的架子，深入工人群众，了解工人群众的疾苦，然后结合工人的实际，开展启发教育，从中发现积极分子进行培养，作为依靠的骨干力量。建立秘密组织——"十人团"，由工人罗珠、陈日长、张桥、罗俊、梁芳、郑煜，以及党员杨章甫、罗绮园等组成，这便是该厂党支部的前身。后来，在其他铁路和工厂也先后组建"十人团"。"十人团"积极开展宣传、组织活动，在"十人团"发展、巩固的基础上，组织了工会。

工人有了自己的组织，便积极参与活动。当时，有工人发现厂长马超俊经常迟发工资，对童工的虐待更是惨无人道，他还大量盗卖工厂资产，中饱私囊。经过杨匏安的发动，工人起来揭发，最后马超俊被撤职查办，斗争取得完全胜利。不久，在杨匏安的积极努力下，广九、广三、粤汉三条铁路线的工人建立了中共党支部和团支部，在各铁路沿线建立了工会。有了工会和党支部的领导，工人展开了要求增加工资、改善福利待遇和劳动条件的斗争，工人的觉悟逐渐提高，工人运动不断发展。

1923 年冬，为便于革命工作开展，杨匏安在广州黄沙海傍街开办了北江商运局，营业货物转运。当时，广东的货物由驻粤滇军负责押运，可转运至清远、曲江、韶关等地。杨匏安利用滇军提供的条件，既通过营业为党组织筹集活动经费，又掩护党组织开展工运。

当时，粤汉铁路广州路段每天赢利 1 万元以上，但绝大部分被军阀、驻粤滇军总司令杨希闵侵吞，所剩无几的资金除作为维修费和燃料费外，余下发给工人的工钱少得可怜。工人工资经常被克扣，有时数月领不到，度日艰辛。杨匏安、杨章甫等人便以多个"十人团"为基础，团结工人，组织怠工，开展斗争。这时，有人建议进行罢工，杨匏安认为，应讲究斗争策略。他认为，滇军实行军事管制，广东当局早有禁止铁路工人罢工令，如罢工，势必遭到镇压，不如用怠工形式，让当局难以找到镇压工人的借口。在党组织的发动下，铁路工人齐集到铁路局办公楼，提出按时发放工资的要求。慑于工人群众的声势，铁路当局不得不同意按时发放工资，并补发所拖欠的工资。斗争胜利之后，广大铁路工人亲身感受到，团结斗争才能改变生存的条件，于是他们更紧密团结在杨匏安领导的党组织周围。

当时，驻粤滇军为非作歹，横行霸道，经常强拉铁路工人当挑夫，稍有不从，即被扣押。目睹阶级兄弟备受欺压，人人义愤填膺，群起反抗。杨匏安组织粤汉铁路工人，向铁路当局提出无条件释放被扣工人。杨希闵唯恐工潮蔓延，于是下令释放。

有一次，粤汉铁路的一列火车运送枪支弹药北上韶关，途经军屯，驻守该处的滇军下令列车在该站暂停。司机认为，军需武器不得延误，应按时北上，于是继续行驶。滇军竟乱枪扫射，司机当场被打死。噩耗传到广州，群情激愤，杨匏安等人带领铁路工人到滇军司令部，要求惩办凶手，抚恤死难者家属，并保证不再发生类似事件。杨希闵不得不同意赔偿1万元作为抚恤金，拨出500元给死难者开追悼会，下令滇军不得再向铁路工人开枪。

杨匏安领导工运，十分注重整合工人队伍。当时，粤汉铁路2000多名工人，按行业性质，分别成立了4个工会，即机务工人的怡闲乐社、铁路工人的艺群公社、车务工人的车务同业工会、路面工人的路面工人俱乐

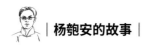

部。由于工会组织过于分散，方便了工贼进行挑拨，致使工人常因小事发生纠纷，影响团结。为此，杨匏安深感不安，他千方百计教导工人，使他们懂得天下工人一家亲，只有帝国主义、军阀才是工人不共戴天的敌人的道理，教育工人消除分歧，团结对敌。经过耐心细致的工作，工人们认识到团结的重要性，在此基础上经党组织发动，酝酿成立粤汉铁路总工会。与此同时，向铁路当局提出各项条件，如不得无故开除工人、增加工资、减少工时、实行8小时工作、星期日工人带薪休息、发给工作服等，并强烈要求，如果铁路当局拒绝接受上述条件，则全体铁路工人先怠工，得不到处理再则罢工。上述各项条件与铁路工人的切身利益有直接关系，受到广大工人的热烈拥护。初时，铁路当局不接受工人的要求，杨匏安等人继续发动、组织罢工。黄沙车站附近的800余名工人，率先举行罢工。翌日，铁路当局即答应接受全部条件，工人如愿以偿。

1925年3月，粤汉铁路临时总工会成立，蔡活为会长，潘兆銮为秘书。随后，粤汉、广九、广三铁路统一组成一个党支部，由杨匏安兼任党支部书记。

杨匏安是优秀的中共党员和党的基层领导，同时也曾在国民党中任职。他利用这个双重身份，参与领导了震惊中外的省港大罢工。

孙中山在俄国十月革命之后，看到了中国革命的曙光，与时俱进地调整了他的革命策略，在"联俄、联共、扶助农工"思想指导下，国民党允许共产党员加入，并在党内任职。据1969年修订版的《国父年谱》所载，1924年11月，杨匏安代理国民党中央组织部部长。1924年11月6日中央执行委员会第五十八次会议记录，留下了这样的记述："国民党中央执行委员会准谭平山辞去常务委员及组织部长，以杨匏安代理组织部长。"

鉴于杨匏安在国民党内的任职，1925 年 6 月他参加领导省港大罢工，正是受国民党中央、广东革命政府和全国总工会的委托，并代表国民党中央农工部部长、革命政府财政部部长廖仲恺，于 6 月 13 日，同全国总工会秘书长兼宣传部部长邓中夏一起，前往香港。

在香港，杨匏安会同先前到港的苏兆征、杨殷，以及国民党中央工人部驻港特派员、香港中共支部书记黄平等，共同研究部署发动香港工人罢工，以响应上海"五卅"反帝爱国运动。

五卅运动，是规模较大的反帝革命运动。1925 年 5 月 15 日，上海发生了日本纱厂的日籍职员枪杀中国工人顾正红（共产党员），打伤十多名工人事件，激起众愤。中国共产党中央决定，发动民众展开反对帝国主义的政治斗争。5 月 30 日，上海工人、学生和广大民众反帝游行示威，租界的英国巡捕在南京路上先后逮捕 100 多人，并突然向密集的游行群众开枪射击，当场打死打伤数十人。屠杀点燃了人民的仇恨怒火，上海全市开始了声势浩大的总罢工、总罢课、总罢市，全国各地也纷纷响应，举行罢工和示威游行活动，支持上海爆发的反帝运动。工人罢工坚持了 3 个多月，由此拉开了大革命的序幕。

在英殖民主义者统治下的香港，工人队伍状况远比内地复杂。当时全港共有大小工会 130 多个，派别林立，分别属于工团总会、华工总会和无所属派三大派系。所有工会，除海员工会属现代产业工会外，其他大多数不是黄色工会，就是行会工会。工会大多被操纵在资本家或买办阶级手中，即便是海员工会也被资本家的势力所把持，会长就是极右分子。革命和进步的力量十分薄弱，共产党员和青年团员仅 20 余人，且大多为青年学生，所以要发动、组织工人罢工，任务十分艰巨。

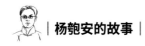

根据香港工人的实际情况,借鉴内地工人运动的经验,杨匏安与邓中夏、苏兆征、杨殷等人经过认真研究决定,既要充分发挥党团员的骨干作用,又须认真、细致地做好广大工人的思想工作。他们灵活地开展了组织发动工作:广泛散发传单——揭露殖民者和资本家残酷剥削和奴役工人的罪行;以下促上——依靠工人中的积极分子,串联发动基层工人,推动工会领袖下决心罢工;进行个别谈话或座谈——广泛与各个工会的领袖接触,介绍"五卅"惨案的原因、经过及声援的意义,号召工人以民族大义和国家前途为重,返回广州进行罢工。

当时,许多工会领袖担心罢工影响他们的生计,有种种顾虑,如罢工回广州后食宿无着,可能流落街头等。杨匏安以广东革命政府财政部部长兼国民党中央农工部部长廖仲恺代表的身份,明确表态,保证罢工工人回广州后,由广东革命政府负责解决食宿、交通等问题。经过艰苦、深入的工作,工人消除顾虑,发动起来了,各工会领袖也同意罢工。

6月中旬,全港工团联席会议召开,决定举行反帝大罢工,并发表了罢工宣言。宣言指出:自从鸦片战争以来,列强不仅进行经济、政治、文化侵略,还加以武力的屠杀,"是可忍,孰不可忍!故全港工团代表联席会议一致决议与上海、汉口各地取同一之行动,与帝国主义决一死战"。宣言号召,"为了民族的生存与尊严",虽明知帝国主义手握快枪、巨炮,也愿"以鲜血铸成民族历史之光荣","毫不畏惧,愿与强权决一死战"。

杨匏安参与领导的省港大罢工于6月19日爆发。10多万名工人先后离开香港返回广州。6月22日,广州各界对外协会举行代表大会,作出决议:"工农商学兵各界,联合香港罢工工人,定于23日举行示威游行。"23日下午1时,20多万人在东校场举行大会,会上通过援助沪案条件十六条,民众高呼"打倒帝国主义""联合全世界被压迫民族""中华民族解放万岁"，群情激愤。会后游行，队伍由东校场出发，经惠爱东路、永汉中路、长堤西壕口，经沙面英、法租界对岸之沙基西桥口时，惨遭英、法海军陆战队的机关枪扫射，游行队伍因毫无防备，当场死亡 50 余人，重伤百余人，轻伤者无数，驻扎在白鹅潭的外国军舰也向北岸开炮，酿成"沙基惨案"。

在"沙基惨案"发生之时，港英当局也开始残酷镇压罢工工人，搜捕罢工的"煽动者"。杨殷安被扣上"煽动工潮"之罪，于 7 月 1 日晚在海员工人戴卓民家中被捕。在此前后，被捕的还有几十名罢工积极分子和工会领袖。省港罢工委员会机关报《工人之路》在杨殷安被捕后的第三天，出版特号第 10 期，刊登了大字消息，披露香港自华人罢工后，港英政府宣布戒严令，凡有华人三五聚谈，即指为煽动罢工，或以不法行动之罪进行逮捕，罢工者惨遭镇压。工人闻讯，无不义愤，一致决定坚持斗争以回应帝国主义的暴行。

港英当局慑于广大罢工工人的压力，且也找不到杨殷安等人所谓"煽动工潮"的证据，于是把他们关押了 50 天之后释放。就在杨殷安出狱那一天，国民党左派领袖、省港罢工委员会顾问廖仲恺在国民党中央党部门口突遭凶手杀害。杨殷安得知消息，悲痛万分。他是廖仲恺可以信赖的好友，廖委他以重任，让他以廖仲恺代表的身份，到香港发动工人罢工。赴港前，他还与廖仲恺商谈有关发动罢工事宜，没料却成了永别。杨殷安一回广州便顾不上其他，径直来到廖仲恺灵前追悼，与廖仲恺的夫人何香凝顿足咽泪。之后杨殷安又迅速投入追查廖案真相、惩办凶犯的工作中。

在省港罢工工人代表大会第十八次会议上，满腔悲愤的杨殷安指出："我们最伟大的罢工领袖廖先生，不幸被勾结帝国主义者的反革命派刺死了。

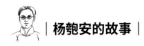

我们唯一的保护人被刺，几乎我们都被刺一样。"他疾呼："事到如此，现在不是空谈的时候了，我们唯有实行奋斗！"从香港一回到广州，杨匏安便积极投身工运，努力解决20多万名罢工工人的食宿、医疗、交通问题。

杨匏安的出狱返穗，给广大罢工工人以极大鼓舞。在省港罢工工人代表大会第十五次会议上，中华全国总工会组织部部长、省港罢工委员会干事局长李森特别向大家报告："有件值得我们欢喜的（事），就是杨匏安先生已释放来省了。"讲话中高度肯定"匏安先生为这次罢工很出力的人"，"我们加了这一位很有力的助手，更容易操胜算了"。

1925年8月23日出版的《工人之路》特号第61期，刊登了中华全国总工会的启事："为欢迎苏俄全国总工会代表团，欢迎杨匏安、胡荫出狱返省，特定24日在亚洲酒店举行盛大欢迎会。"同日，该报还用3号大字加框，在第一版显著位置发布了一条特别新闻《欢迎杨匏安出狱》，文中称："中国国民党中央执行委员会组织部秘书杨匏安先生，于六月初旬，因罢工事件被香港政府逮之入狱后，旋以无证据，于昨日始行放出。杨先生现已由澳门绕行到省。大家闻之，当必有无限之愉快。"这些报道，足见社会各界对杨匏安的关注和敬仰。

回到广州的杨匏安，受到工人组织和广大工人的热烈欢迎和亲切慰问。省港罢工委员会于8月25日特别集会，以欢迎杨匏安及苏俄全国总工会代表团。杨匏安并没有出席欢迎会，他谦逊地表示，发动工人罢工是他应该做的事，被捕坐牢也算不了什么。8月27日，他出现在省港罢工工人代表大会第十八次会议上，当他走上讲台时，全场与会代表起立向他行礼致敬。杨匏安在会上发表演说，只字不提被关押中所受的苦，却赞扬工人群众反抗帝国主义的斗争精神。他尖锐地指出了工会组织中存在的问题：工会领袖对这次罢工斗争的政治意义认识不足，不懂得政治罢工比经济罢工更加重要；工会组织未甚完善，不能紧密联系、团结一致共同对敌。他强调这都不利于坚持长期的罢工斗争，有待改善。杨匏安号召全体罢工工人，学习和继承廖仲恺的革命精神，努力奋斗，誓达打倒帝国主义的目的，以继承廖先生的遗志。

1925 年 9 月 6 日，省港罢工委员会第五十五次会议一致通过，聘杨匏安为省港罢工委员会顾问。之后，他又被聘兼任香港罢工工团宣传学校名誉校长。

直到次年，即 1926 年 10 月，罢工委员会根据形势的变化，宣布结束罢工。省港大罢工坚持了 16 个月，从政治上、经济上给英帝国主义以沉重打击。它规模巨大，组织严密，制度健全，在中国乃至世界工运史上具有重大的影响。在此期间，杨匏安一直积极支持、参与省港大罢工的工作，他善于从实际出发，创造性地开展工作，在工人中拥有很高的威望，成为工人运动的先驱。

这一时期，杨匏安还与周恩来、陈树人等 8 人参加了广东国民政府组织的"廖案检查委员会"，积极查明廖案实情，同时，杨匏安还与李章达、谭桂萼组成了"廖案审判委员会"，负责对案犯的侦查与审讯工作。由于蒋介石等人的庇护、干扰，对廖案凶犯的追查和审讯实际上很难进行。最后，以国民党右派领袖胡汉民离开广州到苏俄、粤军总司令许崇智离职收尾。何香凝深知杨匏安等人为追查廖案凶手付出的艰辛和努力，但最终也是无力回天。

杨匏安，是中国早期工人运动的中坚分子，他利用国民党组织与共产党组织的双重身份之便，深入工人群众，组织和发动一次次工人罢工运动，为震惊中外的省港大罢工作出了杰出的贡献，也在工运中拉开了国共合作的序幕。

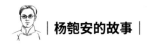

4
殚精竭虑，难防暗流涌动

1925 年，国民党中央执行委员会开始筹备建立国民党广东省党部，并决定由国民党中央组织部派出 7 人，秘书处、青年部、农民部、工人部、商民部各派 1 人，共 12 人组成筹备处。杨匏安成为筹备委员之 一。原定1925 年 6 月召开代表大会，因平定刘、杨叛乱推迟至 10 月。

1925 年 10 月 20 日至 26 日，国民党广东省党部第一次党员代表大会在国民党中央党部大礼堂召开。会议决定成立委员会，负责各项决议案的起草工作。其中，杨匏安与李霞举、颜国潘组成《中央党部报告决议案》起草委员会，毛泽东、彭湃、刘尔崧、杨章甫等共产党人也分别参加了相关起草委员会。会议通过了《中央党部报告决议案》《中国国民党广东省第一次农民代表大会宣言》《政治报告决议案》《各地方党部决议案》及《关于农民运动之报告及提案》等决议。

大会的最后一项议程是选举广东省党部执行委员和监察委员。会议根据新会县代表邓鹤琴的建议，以候选人为当选人的 3 倍数交大会选举。即拟选定的执行委员为 9 人，则候选人为 27 人；拟选定监察委员 5 人，候选人为 15 人。代表中有表决权者 283 人，当天出席投票者 254 人，采取代表双记名的方式投票选举。

最终杨匏安以得票数排名第四，当选为执行委员。1925 年 11 月出版的《中国国民党广东省党部成立之经过》中记录的选举结果如下：

执行委员：

何香凝（二三一票）、刘尔崧（二二〇票）、

彭　湃（二一九票）、杨匏安（二一八票）、

陈公博（二一三票）、甘乃光（二〇六票）、

陈孚木（一八八票）、范其务（一一一票）、

罗国杰（一〇三票）。

候补执行委员：

谭桂萼（九三票）、邓一舟（七一票）、

黎樾廷（六〇票）、林近亭（四四票）、

罗伟疆（四三票）。

会上，杨匏安当选为3位常务委员之一。由于杨匏安突出的组织能力，在各委员的分工中，杨匏安又被推举为组织部部长，谭植棠担任其秘书。这一时期，在杨匏安等人的主持下，国民党广东地方组织进入了快速发展时期。

由于广东管辖面积较大，交通不便，为方便指导各县市开展党务，国民党广东省党部下设潮梅、惠属、南路、琼崖4个特别委员会，由省党部派人就近指导各县市的党务工作。赖先声、邓颖超、恽代英、何应钦、潘兆銮、黄学增等人曾参与特别委员会工作，到各地指导国民党党务，成效显著。

1926年1月1日至20日，国民党第二次全国代表大会在广州举行。杨匏安及毛泽东、谭平山、吴玉章、恽代英等共产党人与国民党左派密切合作，共同努力，挫败了国民党右派的种种干扰和破坏，使国民党第二次全国代表大会取得了积极的成果，通过了《接受总理遗嘱决议案》《中国

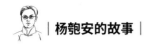

国民党第二次全国代表大会宣言》《弹劾西山会议决议案》《关于工人运动决议案》《关于农民运动决议案》等一系列重要决议案。

杨匏安以广州市国民党代表的身份出席了大会，与董必武、吴玉章、邓颖超等担任提案审查委员，并与谭平山、林祖涵（伯渠）、李大钊、吴玉章等当选为中央执行委员。杨匏安还被选为国民党中央9个常务委员之一，与另外两位常委谭平山、林祖涵共同组成秘书处，处理国民党中央的日常工作。

国民党第二次全国代表人会对以西山会议派为代表的国民党右派分子予以反击，继续贯彻执行"联俄、联共、扶助农工"的三大革命政策，肯定了国民党必须同共产党人结成战斗联盟。但是大会最终没有使共产党和国民党左派联合力量在国民党中央占绝对优势，甚至把蒋介石选为中央执行委员，使他在国民党和国民革命军内的地位得到了大大加强和提高，为他阴谋篡夺革命领导权创造了便利条件。

1926年3月20日，蒋介石阴谋制造了中山舰事件，以"共产党阴谋暴动"为借口，大举逮捕共产党人。后又于5月15日提出所谓《整理党务决议案》，发动新一轮攻击。杨匏安、毛泽东、林伯渠等共产党人被迫辞去国民党中央职务。此时，杨匏安仍保留在国民党广东省党部的职务。

1926年10月15日至28日，国民党中央执行委员和各省区、特别市及海外代表联席会议在广州召开。杨匏安与宋庆龄、毛泽东、邓颖超等80人出席了会议。会议的目的是提高党权，反对个人独裁，发展工农运动，推动北伐革命形势。会上讨论了国民政府发展案、地方政府与国民政府关系案、国民党最近政纲案等。其中又重点讨论了汪精卫销假案，准备迎接汪精卫复职。但由于共产党内对蒋介石和汪精卫的本质认识不清，对处理这一问题缺乏明确的方针，未能真正抑制反革命派的权力。

1926 年 11 月 5 日，国民党广东省党部第四十九次会议决定改选省党部，杨匏安等 5 人列为大会筹备员。同时，杨匏安还负责领导组织部起草国民党广东省第二次代表大会组织法及选举法。在 12 月 24 日召开的筹备会上，杨匏安被推选为大会主席团成员。

12 月 25 日，国民党广东省第二次代表大会召开。在 12 月 29 日下午的会议上，杨匏安以组织部部长身份在会上作《中国国民党广东省 [党部] 组织部一年来工作报告》。该报告从一年来党务之概况、各地党部的组织及党员成分、各特别委员会之组织及其工作、各县市党部工作之概况、党员的活动及其影响、总束六个方面对广东省党部的工作作了总结。

之后，杨匏安又在工作报告的基础上作了进一步补充，历数这一年来组织部的工作成绩，主要从三个方面进行说明：一是党员数量的增加，从 1925 年 11 月至 1926 年 12 月，广东全省国民党员从 1.5 万人发展到"不下 20 万"人。广东统一后，工、商、学各界加入国民党的数量增多。其中农界占党员总数的 40%，工界和学界各占 25%，商界、军界、警界和自由职业者等合占 10%，国民党的基础"坚固建筑在民众之上"。最显而易见的变化是，召开第一次国民党广东省代表大会时，每县市有 50 名党员即可选出一名代表参加会议。而到了第二次全省代表大会时，1000 名党员以下的县市只能选出一名代表。二是党组织的发展。第一次全省代表大会时，各县市有党组织的仅 46 处，而到第二次全省代表大会时，已有 168 处。1926 年 1 月至 12 月，全省的区党部从 168 个增至 580 个，区分部从 997 个增至 4291 个。"党组织更由城市发展及于乡村，确立本党势力根基。"三是宣传工作卓有成效，使得农民运动、工人运动、青年运动、商民运动

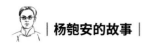

和妇女运动都得到进一步发展。

在报告中，杨匏安也十分坦率地指出了党务工作存在的缺点。如党员虽增加，而教育训练未见得比以前更好，组织纪律未能充分整顿；各级党部监察委员会失职，党部不能按时开会；有些民众运动由党员个人发动，缺乏组织严密性；党部经费不足而致使党务停滞成为普遍现象等。

仅就这篇报告来看，杨匏安作为国民党广东省党部组织部的负责人，对全省党务工作是了然于胸的，既充分肯定成绩，又直指缺点。也可以看到杨匏安在组织部部长这一岗位上体现出的卓越领导能力。最后，大会根据杨匏安指出的党务工作缺点，形成了具有解决问题性质的《党务报告决议案》。

会上，杨匏安再度当选执行委员。这也说明这一年来杨匏安的工作成绩有目共睹，他在国民党中的个人威望再次得到体现。然而，这时广东的政局已暗流涌动，国民党中的新右派已占有15位执行委员中的大多数席位。杨匏安等共产党人在国民党广东省党部的工作开始变得困难重重。

1927年1月8日，国民党广东省党部执行委员召开第二届第一次会议，杨匏安再次当选为3位常务委员之一。但此时他已不再担任组织部部长一职，由于受到国民党新右派的排挤，他已无实际话语权。

第六章

**捍卫国共
统一战线**

1

统一战线，捍卫国共合作

1925 年 8 月 20 日，廖仲恺在中国国民党中央党部门前被国民党极右派刺杀身亡。杨匏安收到廖仲恺被暗杀的消息后，同康若愚到廖仲恺灵前抚棺痛哭，心中想起来廖仲恺先生与共产党合作的往事，暗暗发誓："仲恺，我一定要为你报仇！"周恩来听说廖仲恺同志遇害，撰写了《勿忘党仇》《沙基惨案与廖党代表之死》的悼念文章。

廖仲恺在国民党中央党部门口遇刺，在广州各界引起了巨大的震动。国民政府立即进行人事调整，由汪精卫、许崇智、蒋介石组织特别委员会，主持政治、军事、警察等事务。古应芬暂时代理廖仲恺财政部部长一职。

一方面，杨匏安心想着如何着手调查"廖案"。为了审查廖案，惩办凶犯，国民政府成立了由周恩来和杨匏安等人组成的廖案审判委员会和特别法庭，国民政府任命李章达为审判委员。12 月 23 日，任杨匏安、谭桂萼为特别法庭审判员，执行审讯案犯工作，廖案的清查工作受到国民党右派的阻挠、破坏，杨匏安等克服困难，追查到底，在国民党第二届中央执行委员会上报告了廖案审判问题："我前天因为有事告假不在场，所以不知道大会议决关于廖案审判要在三天内报告大会的事。昨天知道以后，我马上去找其他二位审判委员，但是李章达和谭桂萼两同志因为出外调查廖案的真相，所以找不到……本来廖案审判委员会，国民政府先委李章达同志

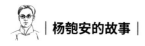
做审判委员，到去年十二月中旬，政治委员会又通知广东省执行委员会推举二人为审判委员，就是谭桂萼同志及本席二人。本席接到委任以后，即开始与李、谭两同志组织该委员会。但因为廖案非常重大，不敢草率，故至今仍未有判决，所以本席有个意见，就是不妨请大会选举几个人出来审判。"在杨匏安的提议下，会议主席团推定3人协同杨匏安办理廖案。

另一方面，杨匏安非常清楚国民党指定汪精卫、蒋介石、许崇智3人组成特别委员会追查廖案。让涉嫌人来查自己的案子，岂非笑话？汪精卫与蒋介石配合，一面对涉嫌犯下令通缉，一面又故意让这些人逃离广州，而蒋、汪二人乘机攫取了广东革命的一切大权。

廖案发生前，国民党内领导人的排名依次是汪精卫、胡汉民、廖仲恺、许崇智，之后才是蒋介石。最早追随孙中山先生革命并早在民初孙中山先生担任"中华民国临时大总统"时期的总统府秘书长、国民党右派胡汉民，与支持"三大政策"、积极团结共产党人的国民党左派廖仲恺泾渭分明。同时，国民党内以谢持、邹鲁、林森和张继等革命元老为主的"西山会议派"也坚决要求与支持孙中山先生"三大政策"的左派划清界限，更有些国民党内极端者视廖仲恺为"赤化者"。

当时廖仲恺在党内地位仅次于汪精卫、胡汉民，一人身兼国民党中央执行委员、国民政府委员、军事委员会常务委员、国民党中央工人部和农民部部长、国民政府财政部部长、广东省财政厅厅长、黄埔军校国民党代表等职。他坚决支持孙中山提出的容共政策，被视为国民党左派领袖。廖仲恺曾发表过一篇《革命派与反革命派》的文章，针对党内一批元老的反共行为指责道："革命与反革命之分，不在资格之深浅，而在行动之真伪。"并进一步说："哪个人无论从前于何时何地立过何种功绩，苟一时不续行革命，便不是革命派。反而言之，何时有反革命行动，便立刻变为反革命派。"

廖氏的这种种言行，自然激起党内右派的强烈不满。廖案的发生，可以说是国民党右派打击左派、反对国共合作的一个重要举动。正如参加廖案检查委员会的陈公博所说："右派认定廖先生是中央党部的把持者，认定廖先生是共产党的卵翼者，认定廖先生是消灭杨、刘的主动者，认定廖先生是改组国民政府的幕后者，更认定廖先生是排斥胡先生及右派的有力者，积累种种原因，而廖先生于是乎不得不死。"这一重大事件的发生，顿使国民党"陷于危疑震撼的境地"。

于是，结合之前各路捕风捉影的消息，关于廖案元凶的推断，右派中职务最高、权力最大的领导者胡汉民被推向了风口浪尖。

据查，廖案最大的嫌疑对象是国民党右派团体"文华堂"，该团体与胡汉民关系密切。胡汉民的堂弟胡毅生等人被视为犯罪嫌疑人。虽然没有证据证明胡汉民与此案有直接关系，但难免有瓜田李下的嫌疑，用汪精卫的话来说："胡先生只负政治上的责任，不负法律上的责任。"

很快，有人举报国民党内一向反对"三大政策"的右派分子胡毅生有着重大的作案嫌疑，而且胡毅生曾经在公开场合扬言要杀掉廖仲恺，重要的是胡毅生的堂哥便是胡汉民。这样已经有很多证据间接都指向胡汉民，甚至连当时的广州市民都说肯定是胡汉民所为，胡汉民的嫌疑陡增。

据调查，在廖案发生前的一个月，国民党内的孙科、邹鲁、吴铁城和胡毅生等人就曾多次在胡汉民家中开会，会上他们攻击廖仲恺，并声称廖仲恺被共产党利用。而在案发后，胡毅生已销声匿迹。

但汪精卫对胡汉民已动了杀机。为了争夺最高政治权力，昔日的同

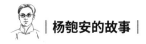

路人变得水火不容。当初，汪精卫刺杀清朝摄政王载沣，以手指鲜血写八个字留给胡汉民："我今为薪，兄当为釜。"汪精卫在一篇文章中说过："革命党人只有二途，或为薪，或为釜。薪投于炉火，光熊然，俄顷灰烬；而釜则受尽煎熬，其苦愈甚；二者作用不同，其成饭以供众生之饱食则一。"岂不料，十多年后，两人恩断义绝。

随后，国民政府主席汪精卫和军政部长许崇智签署了逮捕国民党中执委胡汉民的命令，案发后的第五天即25日，此时已是广州卫戍司令的蒋介石下令全城搜捕"廖案"嫌疑人胡毅生。

漆黑的天穹上布满了点点生辉的星星，显得格外耀眼，这时大家无心欣赏夏天的夜晚，只感到紧张凝重。蒋介石下令当晚抓捕胡汉民，汪精卫带领着黄埔军校的50多名学生军包围了胡汉民的住宅。汪精卫指示学生，若胡汉民"逃捕"，即可就地处决。当晚，胡汉民刚刚就寝，听到门外嘈杂的声音，赶紧下床，穿上衣服匆忙从后门逃出。因事出突然，跑到街上不知到哪里是好，稍加思索，推测此事极有可能是与汪精卫有关，一时性起，直奔西华二巷的汪精卫家，此举正体现了胡氏"不入虎穴、焉得虎子"的固执。汪精卫的妻子陈璧君见胡汉民衣衫不整地奔跑而来，非常诧异。听了胡汉民的一番诉说后，陈璧君怒不可遏，立即打电话给汪精卫，质问道："胡先生究竟犯了什么罪，你要派人深夜前去缉捕？胡毅生有反廖言论但不能代表胡汉民。"汪精卫在电话中说："反动派就要捉，捉了就要杀！这样做是大快人心！"陈璧君回望胡汉民一眼，低声告诉汪精卫："胡先生现在在我们家里。"汪精卫气得掷下话筒。陈璧君怕生意外，让胡汉民住了下来。次日，蒋介石还是以保护胡汉民为由将其软禁在黄埔军校里，失去自由的胡汉民百口难辩。国民党元老戴季陶也都在这一时间出面声援胡汉民，建议蒋介石将堂兄弟俩分开对待。

国民政府组织了廖仲恺案检查委员会，由汪精卫、蒋介石、许崇智组成三人小组负责审理廖案。杨匏安隐约地感觉国民政府决定似有不妥，但他和周恩来还是加入廖仲恺案检查委员会，希望能从中得到更多有价值的线索。杨匏安义愤填膺地说："这事必定追查到底！"杨匏安感觉此案内里必定有阴谋，先按捺着不说话，周恩来说："审判委员会和特别法庭人员经现场调查、审讯凶手，并对所缴获的手枪进行验证，查明廖案的主谋要犯为胡毅生、朱卓文等人。昨天晚上，老蒋已经把胡汉民软禁在黄埔军校，汪、蒋这样做的目的是把廖案扯到胡汉民身上，在国民党去掉权力竞争对手。"杨匏安说："现在廖案的调查，受到国民党内新老右派的阻挠、破坏。"周恩来缓缓地站起来，接着分析："我们击伤一名凶手，在凶手身上搜出'红十字会广州分会会员证'一个，上填陈顺名字，并有'十四年八月四日由建国军粤军南路第一司令梅光培发给的枪照一张'。"他神色严肃地继续说，"这个枪照就是在案发前的 8 月 4 日，由建国粤军南路第一路司令梅光培签发的，梅光培是粤军总司令许崇智的下级。"窗子旁边摆着张黑色桌子，铺着一块带着绿色斑点的台布，杨匏安坐着椅子上，听这样一说，把手狠狠地拍在桌子上，台布如同人受惊吓，弹起来。他说："不出意料，下一步他们要铲除的是许崇智！"

果然，蒋介石又说服汪精卫，一起逼迫许崇智交出兵权下台。许崇智在各种压力下，交出兵权远走上海。10 月，胡汉民被派往苏联出国考察，实际上是被逐出国。从此，蒋介石在党内军内的两大障碍被除掉，他的势力扶摇直上，政治野心急剧膨胀，他的本来面目逐渐暴露。

轰动一时的廖案因无从追究，最后竟不了了之。躲在朱卓文等人背后

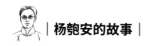

的元凶究竟是谁，至今仍是个谜。1925 年 9 月 1 日，广州举行了廖仲恺的盛大丧礼，送葬队伍长达 10 多里，20 万名工人、市民、学生、农民参加了葬礼。何香凝痛赋悼诗："哀思惟奋酬君愿，报国何时尽此心。"表示要继承廖仲恺遗志，投入报国事业中。1935 年 1 月，廖仲恺的遗体从广州驷马岗朱执信墓左侧移葬南京紫金山中山陵侧。

1925 年 10 月后，国民革命政府出兵东征和南征，统一了广东。广东统一后，各地的政权建设、组织建设相继展开。为适应形势的需要，国民党中央决定组建广东省党部，以加强对全省工作的领导，并决定由国民党中央组织部部长谭平山和秘书杨匏安直接负责筹备工作。这时，毛泽东也应国民党中央组织部的邀请来到广州，参加国民党中央党部和国民党广东省党部的筹建工作。广东以外以个人名义加入国民党的同志来到广东，一般要先到国民党中央组织部找杨匏安报到。杨匏安第一时间就把毛泽东到广州的消息告知谭平山。国民党中央执行委员会 10 月 5 日召开会议，在会上，汪精卫以自己身兼国民党中央常委、国民政府主席数职，事务极为繁忙、难以兼顾中央宣传部部长职务为由，提议由毛泽东代理宣传部部长。毛泽东到国民党中央宣传部主持工作后，深入调查研究，制定宣传工作方案，创办报纸杂志，秘密发展交通局和交通站，建立中央宣传部图书资料室，以革命的精神改造国民党。

夜幕降临，位于广州市越华路和吉祥路交叉处东北方的国民政府办公二楼窗户折射出明亮灯光，一个安静瘦弱的身影全神贯注地在案前奋笔疾书。他就是杨匏安，他正在思考着国民党广东省党部第一次党员代表大会已经召开完毕，接下来应该如何跟随革命形势，让国共合作更加深入。

这时候走廊隐隐约约地传来了沉重的脚步声，越来越近，紧接着听到三四下急促敲门声，有人在办公室门外喊："是匏安吗？我是谭平山，方便进来吗？"杨匏安此时才反应过来，连忙喊："方便啊，你咋这么晚呢？"谭平山推开门说："我看你办公室还有灯光，估摸着你还在加班加点，来跟你商量商量，接下来应该如何开展党务工作。"

杨匏安大笑起来："平山同志，咱俩怎么想到一块儿了。"

杨匏安马上领着谭平山走到墙上的地图前，用手一边比画一边说："由于广东管辖面积比较大，交通不便，为方便指导各县市开展党务，我想把国民党广东党部下设潮梅、惠属、南路、琼崖 4 个特别委员会，由省党部派人就近指导各县市的党务工作。"

谭平山连连称赞："我们可以选派共产党人到各个特别委员会工作，把革命形势发展到全国！"

于是选派了赖先声、邓颖超、恽代英、何应钦、潘兆銮、黄学增等人到各地指导国民党党务工作，成效显著。

随着革命形势的高涨，国民党内部除了原有的老右派，又分化出反对阶级斗争的新右派，蒋介石是新右派的核心人物。共产党人和国民党左派意图将革命发展到全国，完成孙中山北伐、统一中国的遗愿。因此，需要召开国民党代表大会来确定革命势力在国民党中央和国民政府中的优势及领导权。谭平山、林伯渠等大力推动召开国民党全国第二次代表大会。杨匏安作为国民党中央组织部秘书，参与并指导了国民党二大的筹备工作。他和组织部部长谭平山商定，尽量发展共产党员，壮大国民党左派力量，以确保出席代表大会的代表中革命派能够占据优势。毛泽东和中共广东区委陈延年、周恩来等人对国民党二大都非常重视。

1925 年 1 月中国共产党第四次全国代表大会后，广东区委在执委会

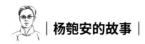

内设立有陈延年、周恩来、彭湃、刘尔崧等人组成的主席团，陈延年任书记。陈延年是陈独秀的长子。

在国民党第二次代表大会召开之际，周恩来从汕头赶回广州，来到中共两广区委的办公室跟陈延年商量。周恩来认为这时中国共产党应该利用优势，采用打击国民党右派、孤立中间派、扩大左派的策略，进一步加强中共自身的力量。陈延年非常赞同周恩来的看法。他认为随着中山先生的逝世、廖仲恺先生的被刺，国民党右派反共行为越来越猖狂，共产党应该清醒地认清形势，做好应变的准备，各地选举的代表中，共产党员和国民党左派占很大的优势。周恩来、陈延年主张利用这个有利条件，通过这次大会开除戴季陶、孙科等右派分子的国民党党籍，惩处当时正在北京西山召开反共会议的国民党右派分子；在选举中央执行委员时，共产党员应占三分之一，少选中派，多选左派，使左派占压倒优势。

周恩来还在考虑应该进一步加强军队方面的工作。现在能完全掌握的只有第四军由叶挺领导的独立团，毕竟还是人单势孤啊。况且，蒋介石虽然现在是以左派的面目出现，但他的内心到底是怎么想的，周恩来等人还是琢磨不透。

此时，周恩来想到，蒋介石曾向他提出将第一军内共产党的人员名单交给他。周恩来与陈延年商量趁此机会把在第一军内的共产党员都撤出来，组成共产党的军队。蒋介石能完全掌握的第一军，目前只有三个师。第二师师长王懋功目前态度暧昧，正在积极靠拢汪精卫。其他的部队，蒋介石都无法真正掌控。陈延年马上把此建议呈报给中央。

周恩来赶快再返回汕头，早做准备。一待中央批准，就立即付诸实施。但是，这个计划遭到共产国际及其代表的反对。陈独秀、张国焘等根据共产国际的指示，主张向国民党右派让步。他们同已被逐出广东的戴季陶、孙科等在苏联驻上海领事馆谈判，请右派分子回广东参加国民党第二次全国代表大会。

接着周恩来等人与谭平山、杨匏安研究分析如何在国民党二大上打击右派，尤其是打击"西山会议派"，在选举中如何多选左派，使左派尽可能在中央占绝对优势。

但是，陈独秀等人却主动妥协，认为共产党不应该包办国民党的事务，只要对"西山会议派"进行打击就可以了。

1926年1月1日至19日，国民党第二次全国代表大会在广州召开。到会代表265人，国民党左派和共产党员占优势。中共方面参加的代表有李大钊、张国焘、毛泽东、谭平山、于树德、恽代英、林伯渠、杨匏安等。

大会由国民党中央政治会议主席汪精卫作《政治报告》，中共党员谭平山和毛泽东分别作了《党务总报告》和《宣传报告》，蒋介石则作了《军事报告》。

在1月18日大会讨论《党务报告决议案》时，黄埔军校代表袁同畴提出国民党内发生两派纠纷，是共产党员在国民党内从事党务活动而不肯公开造成的，故提出三条"限共"意见。毛泽东等人作了有力反驳。袁同畴最终被迫收回自己的提议。

在《军事报告》中，蒋介石主张立即北伐。声称："再用些精神，积极整顿，本党的力量就不难统一中国，我们的政府已经确实有了力量来向外发展了。"

在大会上，由陈公博作了关于廖仲恺遭暗杀事件的处理报告。此外，

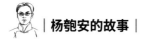

还有三位国际主义代表也在大会上作了演讲。他们分别为越南的胡志明、韩国的吕运亨和印度的哥巴。

大会议决接受"总理遗嘱"和"一大"所定的政纲，重申了反帝反军阀的政治主张。大会宣言指出：中国之生路，"对外当打倒帝国主义"，"对内当打倒一切帝国主义之工具，首为军阀，次则官僚买办阶级土豪"。关于达到后者的"必要手段"，"一曰造成人民的军队，二曰造成廉洁的政府，三曰提倡保护国内新兴工业，四曰保障农工团体，扶助其发展"。大会议决继续执行"联俄、联共、扶助农工"的三大政策。

大会还通过了《弹劾西山会议决议案》，对西山会议首要分子邹鲁、谢持永远开除党籍；居正、石青阳因列名"国民党同志俱乐部"（由国民党老右派冯自由、马素等组织的右派团体）予以除名；对林森书面警告；对戴季陶也发出了"促其猛醒，不可再误"的警告。

会议对"西山会议派"作出纪律制裁，但是由于共产党人的妥协退让，选出的代表中共产党员比较少，反而让很多新老右派成为中央委员。在随后召开的国民党二届一中全会上，杨匏安又与谭平山、林伯渠一起被推选为中央常务委员会委员，并同时被确定为中央常委会秘书处秘书。

2月1日，国民党中央执行委员会常务委员会召开会议。会议由汪精卫主持，杨匏安出席会议，讨论各地党委问题和国民党军政问题，这对抵制国民党向右转提供了一定的有利条件。但是，蒋介石借清查廖案的幌子不断扩大自己的实力，政治野心迅速膨胀。他要从国民党左派和共产党人手中把国民党中央最高权力夺过来，实行他的独裁统治。

国民党二大后，蒋介石就勾结广州的新老右派，四处散播谣言，大肆挑拨国共关系。1926年3月18日，广州国民政府海军局代局长、共产党员李之龙接命令派中山舰到黄埔听候派遣，当中山舰开到黄埔后，蒋介石否认有过调舰命令。这时，又传出苏联顾问和共产党员要劫持蒋介石的谣言。3月20日，蒋介石在广州实行紧急戒严，收缴工人纠察队枪支，逮捕李之龙，监视和软禁大批共产党人、国民党左派人士和进步师生，解除省港罢工委员会的工人纠察队武装，包围苏联领事馆，监视苏联顾问。这就是蒋介石制造的"中山舰事件"。

中山舰事件发生后，毛泽东、周恩来等提议对蒋介石采取强硬态度。中共广东区委负责人也主张给蒋以回击。但是在广州的苏联红军布勃诺夫使团不赞成反击，认为左派力量不足以同蒋介石抗衡。陈独秀受其妥协态度的影响，看不清事件的本质和蒋介石的阴谋。在妥协政策的指导下，中共中央接受蒋介石的无理要求，撤回第一军中的共产党员。共产党员被迫撤出第一军后，毛泽东、周恩来等建议把这批力量派到其他军队，中共中央没有接受他们的正确主张。蒋介石通过中山舰事件，不仅打击了共产党，而且打击了汪精卫和国民党左派，大大加强了他在政治上、军事上的地位，这一事件成为大革命时期国共关系发展中的一个转折点。而汪精卫一气之下离职，去法国养病了。

杨匏安对蒋介石的做法非常警觉。杨母陈智见过蒋介石，曾对杨匏安说："蒋介石是个滑头仔，你们可要小心他。"杨匏安认为，要大力发展共产党领导下的革命力量，发展党的组织，才能对付以蒋介石为首的国民党新右派。1926年5月，杨匏安在参加第二次全国劳动大会和广东第二次农民代表大会期间，根据党组织的安排，召集出席代表大会的共产党员开会，通报了中山舰事件，分析了国共两党的形势，指出新右派掌握权力蓄意破坏革命，维护革命统一战线的最好办法就是大力发展革命力量。他号

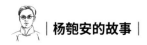

召共产党员代表回到全国各地后，要大力发展党员，壮大革命力量。

5月15日至25日，在国民党第二届中央委员会第二次全体会议上，蒋介石还炮制了"整理党务案"，规定共产党人在各级党部担任执行委员的人数不得超过全体委员的三分之一，共产党人不得担任国民党中央委员会部长，加入国民党的共产党人名单要全部移交，以进一步削弱和打击共产党在国民党中的势力。会议前一天，蒋介石召见谭平山等人，威胁共产党人不要在会议上"闹事"。出席会议的毛泽东、谭平山、杨匏安、恽代英等人坚决反对这些规定。然而，中共中央执行委员会代表和共产国际代表接受了这一提议。谭平山、毛泽东、刘伯垂、林伯渠、杨匏安等人被迫辞去国民党中央组织部部长、中央宣传部代理部长、中央党部秘书长、中央农民部部长、中央常务委员会秘书等职务。蒋介石继续把他的党羽安排在各部，他本人兼任中央组织部部长、军事部部长和国民革命军总司令。后来国民党中央组织部部长职务由陈果夫接替。陈果夫代替蒋介石直接接管了组织部的工作。

尽管如此，杨匏安还是尽一切努力抵制国民党右派势力，力所能及地进行国共合作的工作。杨匏安虽然被免掉了国民党中央常务委员会秘书和国民党中央组织部秘书的职务，但他仍然是国民党中央执行委员和中央执行委员会常务委员，同时兼任广东省党部常务委员和组织部部长。他在工作中有突出的成绩、丰富的经验，也有很高的威望。杨匏安对蒋介石排斥打击共产党人和国民党左派人士、安插自己亲信的行为，进行了针锋相对的斗争。

陈果夫初入组织部的时候，部中共有29人，陈从名册及思想方面加以缜密的观察调查，发现只有3人算得上真正的国民党，其余都是共产党员。其中一部分又为杨匏安、谭平山的族人。在此种形势下，陈认为工作无从下手，就请示部长蒋介石，蒋要陈果夫与丁惟汾、顾孟余商量。丁、顾二人就介绍段锡明、王乐平两人进入组织部中工作。由于部中并无空额，加进两人，就要去掉两人。陈果夫就免了某些共产党员的职务，加入国民党员。为了避免引起争端，掩人耳目，他撤掉了两个人的职务，一位是共产党员，另一位是文书干事骆用弧。

完成了初步的人事调整，陈果夫立即开始清党。着手办理国民党员重行登记及调查等工作，同时对部内工作人员严厉考核。陈果夫对组织部现有人员实行软硬兼施、拉拢分化时，事务组有两个姓杨的，工作都很勤奋，陈特予升级，以示奖励。杨匏安找到陈果夫，说道："陈部长，此两人工作勤奋本是他分内之事，并没有获得突出贡献！"

陈果夫咳了几声说："怎么就没贡献了，难道一定要为革命牺牲才有贡献，况且嘉奖命令已经公布，不能收回！"

杨匏安态度坚决地说："想当初你接我之职务时，部长蒋介石曾关照你有事多与我商量，你咋这么快就忘了！"

陈果夫惶恐不安地看着杨匏安，嘴里就好像含了一串冰糖葫芦，呜呜啦啦半天没说出什么来，就开始不停地咳嗽。

隔了两天，那两个姓杨的忽然辞职，据说被杨匏安调往他处工作去了。这是杨匏安怕他们为陈果夫所用之故。不过无论如何，两人既走，部中总算空出两个名额，陈立即安排郑异、萧铮两人补充。

经过这样的几次事件，陈果夫逐渐控制了国民党中央的人事，对于章程规定也有所改动。北伐时国民党中央组织部迁到南昌之时，部中仅留有共产党员3人，其余都是陈果夫拉进的亲信。

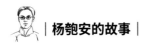

陈果夫的清党办法是非常厉害的,用尽了金钱、高官收买和排挤、打击之能事,全程未采用激烈的办法,而是一点一点地达到目的的。当时北伐正在进行中,蒋介石还需要共产党的帮助,从上述蒋介石要求陈果夫有事要和杨匏安商量可以看出,蒋介石既要达到清党的目的,又不想立即引起国共分裂,导致国共统一战线破裂。陈果夫对蒋介石意图的出色完成,使蒋对他更为器重。所以当1926年临时中央全体会议推蒋介石为军人部部长时,蒋即以陈果夫继任组织部部长。

8月下旬,汪精卫写信给国民党中央,要求回国。杨匏安在国民党中央常委会了解到这个消息后,立即通报给中共广东区委,并与何香凝、毛泽东等人商量处置办法。他们一致认为,公布汪精卫的来信,并请他销假复职,是一个约束和抵制蒋介石新右派势力的好办法。于是他们策划了一场"迎汪复职"运动,大造"迎汪复职"的舆论,也得到了中共中央执行委员会的支持。10月,国民党召开中央执行委员会暨各省区、各特别市、海外总支部代表联席会议。杨匏安及毛泽东、吴玉章、恽代英等共产党人与宋庆龄、何香凝等国民党左派出席了会议。会议针对新、老右派相互勾结,破坏革命统一战线、破坏革命、压迫民众等的种种行径,通过了一些有利于革命的文件。而在"迎汪复职"这个问题上,会议斗争激烈,共产党人和国民党左派曾提出议案,恢复汪精卫职务,罢免蒋介石的中央常委会主席及张静江的代理主席职务,但遭到右派势力的蛮横反对。会议最终虽通过了《请汪精卫销假案》,但没有达到罢免蒋的目的。之后蒋、汪的行为表明,这也只是杨匏安等共产党人和国民党左派试图抵制右派、维护革命的一种努力。

1926年7月1日,国民政府发表了《北伐宣言》,9日,国民革命军誓师北伐。杨匏安与同志们一起积极投入支援前线的工作中。他们发动工人、农民踊跃支援北伐军，组织运输队、卫生队，随军出征。北伐军因得到工农群众的帮助，出师迅速，8月收复湖南，9月直抵武汉，中国革命得到空前的发展。

随着北伐战争的胜利进展，国民政府于12月中旬开始北迁武汉。广东政局也跟着发生了重大变化。留守广州的李济深等暗中与蒋介石勾结，利用战时体制，扩张军事权力，压制党内民主。1927年初，他们采用圈定办法，改组国民党广东省党部，虽然何香凝与杨匏安在选举中得票最多，仍被圈定为9个常委之一，但实际上新右派已在省党部占了压倒性的优势，组织部部长也改由李济深兼任。

面对国民党新右派的步步紧逼，杨匏安已经意识到他们对革命事业的极大危害性，提醒同志们准备应变。3月下旬，杨匏安代表中共广东区委主持召开党内积极分子会议，认为："目前局势很严重，蒋介石已从南昌到南京，有苗头准备在南京成立新政府，与武汉国民政府相对抗，大家要有准备，广东准备干它一场。"当时，中共广东区委的主要领导人已离开广州去武汉，未能及时作出应对性的部署措施。

1927年春，聚集武汉的共产党人和国民党左派上层人士，进行了反对蒋介石独裁、以武力挟制国民党中央和国民政府迁都南昌的斗争。由于中国共产党和国民党左派的压力，蒋介石迁都南昌的阴谋未能得逞。3月20日，武汉国民政府正式成立。

1927年3月底，杨匏安处理完广东的工作、安排好里里外外的事务，准备与从苏联回国的谭平山以及共产国际代表罗易一起去武汉。原本他们计划坐飞机，一行人几次带着行李，穿着棉大衣赶去机场，但是都因"飞

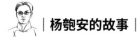

机出了故障"而未能登机。后查实为蒋介石一伙人阻挠杨匏安等共产党人赴武汉而耍的花招。无奈之下，杨匏安三人只好改由陆路前行。他们先坐火车到韶关，然后在国民革命军某部派出一连士兵的护送下，翻山越岭，通过五岭山脉，进入湖南，再坐火车去武汉。4月3日傍晚，杨匏安一行到达汉口，住进汉口东方大旅馆。

1927年4月12日，就在杨匏安到达武汉开展工作后不久，蒋介石在上海发动反革命政变，大肆屠杀共产党人和革命群众。4月15日，广东也发生反革命政变，国民党反动派向革命人民举起屠刀，大批共产党员和革命志士倒在血泊之中。消息传来，武汉立刻响起讨伐蒋介石的呼声。杨匏安在武汉国民党中央机关参加了声讨蒋介石叛变革命的活动。他积极参加反对蒋介石军事独裁、提高党权的斗争。4月22日，他与国民党中央执行委员、中央候补监委委员、国民政府委员、军事委员会委员联合署名发表《讨蒋通电》，声讨蒋介石背叛革命的行径，痛斥蒋介石勾结帝国主义、背叛国民革命、背叛人民，屠杀革命群众的滔天罪行，号召全国人民"去此总理之叛徒，本党之败类，民众之蟊贼"。

4月15日，广东成立了以李济深为首的国民党广东特别委员会，取代原来的省党部，同时还撤销了杨匏安的常委一职。于是，国民党武汉中央委员会在1927年5月6日召开会议，决定重新组织国民党政治委员会广州分会，同时决定成立国民党闽粤桂三省党部驻汉办事处，指定杨匏安和武汉市公安局局长江董琴负责。将办事处地址设在汉口铭新街洪春巷6号，公开对外办公，并以办事处名义发表宣言，揭露蒋介石屠杀工农群众的罪行。从1927年5月下旬开始，杨匏安连续在汉口《民国日报》刊登《闽粤桂三省党部驻汉办事处启事》，通告国民党闽粤桂三省党部驻汉办事处已经成立的消息，表示"凡闽粤桂三省党部同志被压至汉者，请按址前来报到，以便审查招待"。在武汉，杨匏安参加组织"被难同志救恤委员会"，被该委员会推举为常委，负责办理日常事务。6 月 29 日，杨匏安和恽代英、潘汉年、郭沫若、刘清扬、何叔衡等人在汉口召开中国济难会全国总会及各省干事联席会议，杨匏安被推选为中国济难会全国总干事会委员。

面对东征讨蒋的呼声，武汉国民政府调兵遣将，准备东征讨伐蒋介石。杨匏安也赞成东征讨蒋，还曾一度想随军参战。为积极推动武汉国民政府东征讨伐蒋介石，杨匏安做了大量的宣传工作。他先是联络国民党左派开展总理纪念周活动，声讨背叛孙总理事业的叛徒，又以国民党闽粤桂三省党部驻汉办事处的名义，在 6 月 13 日发表宣言，揭露蒋介石勾结帝国主义的种种罪行，号召工人、农民、工商业者拥护政府法令，支持讨蒋、支持国民革命。在共产党人、国民党左派以及广大人民群众的大力呼吁下，1927 年 7 月初，武汉国民政府下令东征讨伐蒋介石。

正当国民革命军从武汉出发，向江西九江推进的时候，汪精卫发动了七一五反革命政变，东征讨蒋的计划被彻底破坏。7 月 15 日，汪精卫在武汉国民党中央召开"分共"会议，决定立即同共产党分离，逼迫共产党人退出武汉国民政府，提出"宁可枉杀一千，不使一人漏网"的口号，对共产党员和革命群众实行大屠杀。"宁汉对立"走向了"宁汉合流"，蒋介石、汪精卫相互勾结，轰轰烈烈的国民大革命失败了。

在这个重要的历史关头，中国共产党人勇敢地从血泊中站了起来，组织自己的队伍，挑起了独立领导中国革命、拯救中华民族的历史责任。1927 年 8 月 1 日，中国共产党在南昌率领 2 万多人的武装力量，发动了

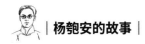

南昌起义，打响了武装反抗国民党反动派的第一枪。在起义当天，杨匏安和宋庆龄、邓演达、谭平山、彭泽民、林伯渠等22人在南昌《国民日报》上署名发表了《中国国民党中央委员会宣言》，谴责蒋介石的反革命罪行。宣言指出，蒋介石和汪精卫的武汉与南京所谓党部政府，皆已成为新军阀的工具，曲解了三民主义，为背叛总理之罪人、国民革命之罪人，号召一切遵从总理遗志的同志，尤其是国民革命军的忠勇将士，以百折不挠的勇气与蒋汪军阀作坚决的斗争。

为了审查和纠正党在大革命后期的严重错误，决定新的路线和政策，1927年8月7日，南昌武装起义尚在进行之时，中共中央又在湖北汉口召开紧急会议，即八七会议。由于时局紧张，交通不便，只有在武汉的中央委员、中央候补委员、中央监察委员、共青团中央委员和湖南、湖北的负责人参加了会议。杨匏安以中共中央监委会委员的身份出席了会议。

8月7日，武汉细雨霏霏的早晨，汉口鄱阳街139号，一幢20世纪20年代初建造的三层西式公寓里，杨匏安沿着高高的红木楼梯登上二楼，这间10多平方米的小屋便是召开八七紧急会议的地方。室内参差不齐摆着各式中国式的凳子、椅子，窗下的主席台好似教员讲课的桌子。

会议由李维汉主持。他首先介绍了会议的筹备经过，说明到会的中央委员不到半数，只能开一次中央紧急会议。然后宣布了会议的三项议程：一是共产国际代表作报告；二是中央常委代表作报告；三是改选中央政治局。由于白色恐怖，形势紧迫，会议只开了一天就胜利结束。

在会议的第一项议程中，共产国际代表罗明纳兹作关于党过去的错误及新的路线的报告。他在报告中指出了召开中央紧急会议的重要性和迫切性，以及这次会议所要解决的问题。然后，他就《中国共产党中央执行委员会告全党党员书》草案的主要内容作了发言。他分析了中国各阶级的情况，说明只有无产阶级才能领导中国革命。中国农民只有在无产阶级领导下才能求得自身解放。如果过去党对农民有正确的领导，不在农民问题上对国民党让步，不阻止农民运动，坚持党的独立性，就不会使革命失败。直到南昌起义，中国的革命才开始有了一个坚决的转机。他还批评了中国共产党领导人在联合战线中放弃党的领导权的错误，同时又认为现在还不应退出国民党。

毛泽东、邓中夏、蔡和森、任弼时、罗亦农等人在会议上讲话，提出了许多中肯的批评和建议。毛泽东批评党中央在国共合作中没有积极实现无产阶级的领导，过去倾向于不进行军事运动，而注重群众运动。他指出，蒋介石、唐生智都是拿枪杆子起家的，我们独不管，现在已被注意，但仍没有坚决的概念。比如领导农民进行秋收起义，非要依靠革命武装不可，这次会议应重视这个问题，新政治局的常委要更加坚定起来注意这个问题。湖南这次失败，完全由于主观上的错误，以后要非常注意军事，须知政权是由枪杆子中取得的。罗亦农说："过去党不注意夺取政权的武装，上海、湖南都是半途而废，这是非常错误的。"

瞿秋白在报告中也明确提出"要用我们的军队发展土地革命"。在农民土地问题上，毛泽东提出规定大中型地主的标准，土地限制在50亩以内，这为今后开展土地革命和制定正确的土地革命路线奠定了认识上的基础。

在第一次国共合作期间，杨匏安与毛泽东在国民党中央共事多时。在出席国民党中央执行委员会常务委员会议时，杨匏安曾与毛泽东等4名同志共同提出了关于非经允许各地不得设立孙文主义学会案、训育全体党员

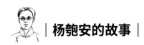

的提案，与国民党右派针锋相对。

杨匏安从内心深处非常赞同毛泽东的发言。他声音洪亮地说："社会革命用这军队的力量，也正不少，所以我们注重军队运动。"他铿锵有力地号召军队"赶快和我们携手，从事阶级的争斗"。其实早在 1922 年杨匏安就提出"由无产阶级跑到支配阶级的地位"，实际上已经开始产生了无产阶级应该领导革命的思想。他还认为无产阶级要"联合起来，用武力夺取政权""我们注重军队运动"。虽然没有毛泽东在八七会议上的发言说得那样明确，但两者的精神实质基本上是一致的。

杨匏安在《〈青年周刊〉宣言》《马克斯主义浅说》《无产阶级与民治主义》等文章中，对中国共产党的理论建设和中国革命的重大问题进行了可贵的探索，主要有如下几个方面：农民与土地、革命领导权问题、军队对革命的重要性。

1922 年 2 月，在工人运动日趋高涨的情况下，杨匏安就关注到农民的问题。他说："我们尤其注重的，是农民运动。中国是一个农业国，生产的大部分，都出自农民。""我们快要指导他们向着能变的道路走去。"这就是要使他们"联合团体，和压在头上的地主反抗；并且使他们知道土地公有公耕之利益，联合一切无产阶级，举行猛烈的、普遍的群众运动，由无产阶级跑到支配阶级的地位"。中国是一个农业国，要重视农民问题，农民问题的核心是土地问题，要让农民看到土地公有的奋斗目标。这后来也被中国的国情和革命实践所证明。

杨匏安提出无产阶级用武力夺取政权的观点。"劳动者实行阶级竞争，尤不可不夺取政权。倘若不占了政治上的权力，徒然使经济的战斗延长，那就不能构成理想的经济组织。这个生产手段的所有权，也断不能从私有移到社会公有。"他指出：无产者"联合起来，用武力夺取政权，改一切生产工具为共有……这就是解决社会经济矛盾的唯一方法，也是现世社会经济制度必然的结果"。

在会议上，杨匏安结合大革命中的实际工作体会，畅谈了他对农民问题、武装斗争、革命领导权的认识，他对会议上毛泽东等代表关于武装问题的发言，对于纠正以往的错误，对于进行土地革命的主张，都是热烈赞成的。

八七会议总结了大革命失败的教训，批判和纠正了陈独秀的右倾机会主义错误，确定了武装反抗国民党屠杀的政策。通过了《中国共产党中央执行委员会告全党党员书》《党的组织问题议决案》《最近农民斗争的议决案》等重要文件，号召广大党员继续战斗。会议除了点名批判陈独秀，还点名批判了谭平山以及其他在国民党政府内担任部长的共产党员，这对杨匏安产生了很大的触动。八七会议决定把发动农民举行秋收起义作为当前的主要任务。它给正处在思想混乱和组织涣散中的中国共产党指明了新的出路，为挽救党和革命作出了巨大贡献。

会后，中共中央决定成立中共中央南方局和中共广东省委，同时派人分赴各地贯彻八七会议精神。1927 年 9 月底至 10 月初，中共中央机关从武汉迁回上海，以张太雷为书记的中共中央南方局和中共广东省委也相继在香港地区设立机关，贯彻八七会议的精神，为开展土地革命和武装斗争做全方位的准备工作。

国共合作失败后，国民党反动派大肆屠杀共产党人，凡列名南昌革命委员会委员的共产党员，如谭平山、林伯渠、吴玉章、恽代英、高尔罕等，都被免职并通缉拿办；曾在国民党中央任职的共产党员于树德、杨匏

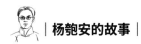

安、毛泽东、许甦魂、夏曦、韩麟符、董用威、邓颖超、江浩等，一律被免职并通缉拿办。这时，杨匏安被迫转入地下秘密斗争。他在原国民党广东省党部妇女部女共产党员的帮助下，躲过敌人搜捕，离开武汉，进入上海，在自己堂妹夫霍志鹏家落脚。不久，为策应南昌起义军进入广东，开展土地革命，进行武装斗争，他又秘密来到香港，协助广东党组织接应南昌起义后的南下部队。

在香港，杨匏安与中共中央南方局、中共广东省委书记张太雷取得联系。张太雷决定利用杨匏安在原国民党中央的特殊身份，去争取国民革命军张发奎部联合广东省武装力量发动起义。

张发奎深受共产党的影响，汪精卫叛变革命后，他并没有明确表达自己的反共观点。因此，中共中央对张发奎寄予厚望。军队改组时，一些共产党员和工人纠察队的干部进入了他的军队。中共中央想要拉拢张发奎，集结军事力量，重建广东革命根据地。为此，杨匏安从香港秘密返回广州，在老朋友陈大年的帮助下，进行了精心策划。但经过一段时间的接触，杨匏安发现张发奎已经逐渐站在汪精卫一边，没有谈判的诚意。因此，他向香港南方局和广东省委报告，最终终止了与张发奎的谈判。南方局和广东省委决定将全部精力投入独立领导广州起义的工作中。杨匏安在香港、澳门、广州等地游荡时，也非常关心南昌起义期间南下部队的情况，担心战友的安全。当他得知周恩来在起义期间病重时，他非常担心。后来，得知周恩来已安全抵达香港接受治疗，他才松了一口气。

1927年11月9日至10日，中共中央临时政治局扩大会议在共产国际代表罗明纳兹的直接指导下召开，会议错误地处分了包括毛泽东、周恩来在内的大批同志，谭平山则因组织"第三党"问题被开除党籍，杨匏安被怀疑参加"第三党",撤销了中央监察委员的职务。为了澄清事实,杨匏安在中共中央机关刊物《布尔塞维克》第十七期上发表《所谓第三党》一文,一方面批评谭平山的错误,另一方面表明谣传他列名发起"第三党",他其实绝不知情。

据说近来广东有所谓第三党的组织,在共产党与国民党之外另树一帜的第三党,他的名称叫做"大同党",这倒是一个国粹名字。我其初以为是康有为的徒子徒孙玩的把戏;因为康有为曾著过一本《大同书》;但是孙中山也录写过一篇礼运大同的墨宝;那么,与国民党又似乎不无关系,大概是辛亥俱乐部的变相罢!谁知都不是。传闻内部有些"共产分子"在那里主持,而且我也被推为发起人之一。这真令我惭愧到无地自容,承他们错爱,把黄袍加在我身上;然而于我却等于无妄天灾。也许他们以为我在国民党内充当苦力有年,中机会主义毒害一定很深,颇有做他们发起人的资格吧?!

杨匏安在文章中还指出,第三党完全是徘徊在革命与反革命之间的游魂。他们既然不赞成工农暴动,建设苏维埃政权;同时也说要反对豪绅资产阶级的屠杀政策。就是他们不代表豪绅资产阶级,也不代表工农阶级,只想在两大营垒血肉相搏的斗争中间作个调人。但是中国革命的前途,不是豪绅资产阶级投降了帝国主义,变相的国际共管的形式统治中国;就是工农直接革命,夺取政权,建立苏维埃政府。其间并没有回旋余地。第三党的鼓吹者想另外替中国革命找条出路,其实这条出路只是在知识分子的脑子中存在着,实际上是没有,而且是不能够有的。或说他们可以代表小资产阶级,实在何尝可以。小资产阶级在中国革命潮流中,是随波上下的。革命高涨时,他可以跟着革命跑;反革命势盛时,他也必然跟反革命

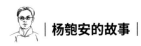
跑。那个势大，他就受那支配，他是没有独立性的……党名虽号大同，却混沌得可怜呵！

他认为第三党没有阶级的立场，没有群众的基础，自然也没有明确可行的政纲。他们在革命进程中点缀点缀，不久就会归于消灭。因为他们根性至少总是不革命。他认为在这个直接革命时代，只有一个代表革命的无产阶级的共产党和一个代表反革命的豪绅资产阶级的国民党，中间更找不出一个既不代表革命也不代表反革命的东西的。

这篇文章高度体现了杨匏安在大革命已经失败，他本人又受到犯"左"倾错误的领导人的排斥打击之后，仍然对党忠贞不渝、毫不动摇和大义凛然的革命气节。他对谭平山组织第三党的错误所作的历史唯物主义的分析批判，既态度严肃，以理服人；又实事求是，与人为善，不像那些犯"左"倾错误的人那样，把他们当作敌人看待。

但作为一个忠诚的老党员，无端所受的处分，使他背负着沉重负担，他亟盼党中央能够重新审查自己的"问题"。考虑再三，杨匏安通过潘汉年，向中共中央反映了自己的要求。周恩来与杨匏安相知甚深，尽管杨匏安受到严厉处分，但周恩来依旧在内心深处敬重杨匏安。一接到潘汉年的报告，周恩来就专程来到杨匏安家，了解杨匏安的想法，征求他对当前党的工作的意见。两人见面后，杨匏安没有多谈自己，只是诚恳地说："我这个受到迫害的老同志，什么时候才能得到平反呢？"由于党中央尚未就前一阶段的处分决定作出新的结论，故而周恩来无法正面回答杨匏安的问题，只能肯定杨匏安在党报、党刊编辑出版工作方面，特别是在文化战线上为党所作的贡献。

2

执行任务，南洋作诗明志

1927 年 4 月 22 日，在广东区委组织部部长穆青的主持下，中共广州市委在广大路广大二巷 4 号四楼成立，并在此举行了中共广州市委第一次会议。1927 年 11 月中下旬，中共广东省委按照中央指示加紧组织广州起义。1927 年 12 月 11 日，爆发了震撼世界的广州起义，在市公安局（今广州公社旧址）建立了东亚第一个城市苏维埃政权——广州苏维埃政府，又称作"广州公社"。但历时仅三天，就在敌人优势兵力的围攻下失败了。

1927 年底，杨匏安以留党察看的身份请求党组织给自己安排工作。正当广州起义紧锣密鼓进行准备的时候，杨匏安去了南洋的新加坡、吉隆坡等地，从事党组织委托的工作。中共广东省委历来重视海外建党工作，早在建党初期，就有党员在南洋发展组织、开展活动。较早建立了国外党组织，如中共南洋临时委员会。后来，广东党组织还建立了中共两广区委海外革命运动小组。国民革命失败后，大批共产党员为躲避敌人的屠杀，撤退到南洋新加坡、吉隆坡一带。国民党反动派也派人到南洋活动，企图联络英国殖民者将这些共产党员逮捕。南方局和广东省委知道这个情况之后，派人去南洋妥善安置这批同志，同时组织他们回国参加武装起义。省委先是派海员工会骨干张玉阶去执行这个任务，可是他一到新加坡就被英国殖民者逮捕了。于是，南方局就决定派杨匏安再去执行这个任务。因为尽管杨匏安还在被组织审查期间，但态度较好，又有海外工作经验，所以

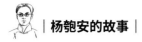

完全能够胜任这一工作。

　　杨匏安接到这个任务之后，立刻秘密起程去南洋。他找到熟悉的澳门洋行老板帮忙，乘货轮南下来到新加坡。在南洋期间，杨匏安通过乡亲的关系，在新加坡、吉隆坡一带活动，尽力联络、安置同志，对被捕同志设法进行营救。张玉阶的儿子张志荣就谈到，其母亲古妙珍和海员朋友都传颂过杨匏安在南洋营救张玉阶的事迹。张玉阶是海员工人，参加过香港海员罢工和广州起义。1928年1月，他被中共在香港的组织派往新加坡任特委负责人，在执行一项特殊任务中不幸被捕。杨匏安在乡亲中募集资金，请了著名律师到法庭上为张玉阶辩护。但张玉阶怀着誓死不屈的决心，在殖民主义者的法庭上大义凛然、英勇斗争，被判无期徒刑。日本军国主义者占领新加坡时，在狱中壮烈牺牲，终年48岁。

　　杨匏安身在南洋，仍时刻心系国内革命。他写下《十一月既望泊舟星架坡港》《寄小梅》两首诗寄给当时在上海居住的堂妹夫霍志鹏（小名小梅）。这两首诗是写在英文渣甸洋行的信笺上的。渣甸洋行的老板名叫沈香霖，曾在澳门望厦开"保血公司"，出产金鱼牌蚊香。沈香霖还做过吉生轮船的买办。杨匏安同他有来往，受过他的掩护。杨匏安遇难后，他还关照过杨家的生活。

十一月既望泊舟星架坡港

故乡回首战云深，漏刃投荒万里临。

余日可消行坐卧，感怀休问去来今。

江南有梦迷蛮瘴，海外何人辨雅音？

自笑身闲心独苦，当头皓月伴微吟。

这首诗的大意是，祖国故乡正笼罩在战火的阴云中，我被列入国民党通缉的对象，侥幸逃脱，漏刃投荒而来到万里之遥的地方，更挂念着祖国战火风云，前途命运。不多的日子都消磨在行坐卧之中了，也请别问那令人伤感的过去、未来和现今！字里行间饱含着无限的难言之隐，似乎非常着急又无可奈何。杨匏安虽在海外，却挂念着家乡，牵挂着革命事业。诗的基调比较沉重，但更多的是对故乡革命形势和事业前途的牵挂。

首联"故乡回首战云深，漏刃投荒万里临"，漏刃，从刀下漏过，指诗人本是被国民党通缉的对象，侥幸逃脱。投荒，至荒远之地，然而最挂念的（回首）仍是瞬息万变的革命"战云"。颔联述说自己当前的心境："余日可消行坐卧，感怀休问去来今"。颈联中有所暗示："江南有梦迷蛮瘴，海外何人辨雅音？"这里分别指出"江南"和"海外"两方面。大革命先是在广东、广西开始的，后又发展到江西、两湖与江浙，主要是江南一带，诗人是说江南曾掀起过一场伟大的革命运动。1927年，由于蒋介石和汪精卫相继叛变，大革命失败。之后，杨匏安积极揭露、批判蒋、汪的背叛罪行。但是接踵而来的是，他不仅被国民党反动派以"中共要犯"的罪名追捕通缉，而且也受到当时犯冒险主义错误的中共中央领导人的错误处分和排斥。他在极端险恶困难的境况下，丝毫没有动摇，始终保持对党与革命的忠诚；虽身处逆境、贫病交加，仍服从安排，自湖北转广东，从澳门下南洋。这就是诗中说的"江南有梦迷蛮瘴"的具体内涵。至于"海外"方面。句中用了"雅音"一词，估计他说的就是自己的主张、策略、方针以及开展工作的具体步骤等一整套相对完整的设想，得不到众人的理解与支持。如今只身到了南洋，落得个身闲心苦的处境。尾联"自笑身闲心独苦，当头皓月伴微吟"就是作者心境的描写。

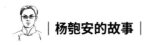

寄小梅

去国六千里，心随云水长。

逃生来绝域，问禁入危邦。

归意能无动？公忠不可忘。

相思凭梦寄，月色满桄榔。

《寄小梅》这首诗表达了杨匏安在逆境中对祖国的思念和对党的忠贞之情。此诗的思想情绪与上一首基本相同，写个人感慨更突出些。这首诗的首联说离家愈远思念愈深。前路茫茫，生死未卜，寄诗向亲人报平安，说说心里话。这是人之常情。颔联前句指自己被国民党通缉、追捕，为了逃生故来到"绝域"，"绝域"是指极其遥远的地方。后句又说为了"问禁"才来这危险之邦。即使"入危邦"没有困难，但是羁留异国，谁能无动于衷？杨匏安此时被国民党通缉，继而又入"危邦"，随时会失去生命。他何尝不眷恋祖国，思念亲友，牵挂为之奋斗的革命事业，但何时能返回，是未知的。写诗抒怀，遥寄寓意，相期等待归日。

杨匏安在南洋所作的这两首诗，表明他在大革命失败后，虽遭受错误处分，流落异国他乡，仍时时"公忠不忘"，渴望回国参加斗争，体现了他对党、对人民、对祖国无限忠诚的崇高境界和高尚情操。

1928年1月，杨匏安从南洋回国。他先在香港向南方局和广东省委汇报南洋工作的情况，后来到澳门与家人团聚。面对风云变幻，杨匏安思绪万千。他的母亲陈智和堂弟杨应广向他谈起恽代英的表现，使他感慨万千。广州起义时，恽代英担任广州苏维埃政府的秘书长，在敌人的疯狂反扑中，广州苏维埃代主席张太雷牺牲，他负责料理善后工作，但他对自己的安危全然不顾，在十分危急繁忙的时刻，依然没有忘记自己的老战友杨匏安的家人，他找到杨应广嘱咐说，杨匏安在外地工作，无法照顾家中老小，立即拿这些钱去见他的母亲，要他们全家马上撤出广州，并亲自将两筒银圆交到杨应广手上。杨应广遵照他的指示，杨匏安的全家才得以安全撤到澳门。

杨匏安在澳门停留期间，继续向中央申明自己是被冤枉的，希望中央对他的处分给予复议，并给他安排工作。党组织对杨匏安的申诉充分理解，不久中共中央就同意杨匏安到上海中央机关工作。

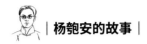

不畏艰难，从事地下工作

1928 年，杨匏安来到上海的中共中央机关工作，秘密参与党的报刊编辑出版。他的家人也由党组织安排迁来上海，先住在西华德路（今长阳路）慧源里。同时住在这里的还有柯柏年、李春霖（柯柏年的大弟）、李伍（李春秋、柯柏年的堂弟）、高语罕等。其后分散住在党的印刷所或交通机关，一家老小经常为党组织递送材料和情报。

20 世纪二三十年代，在白色恐怖极为严重的上海，中国共产党的活动转入秘密状态，党刊的发行工作是在秘密、艰苦、险恶和动荡不安的环境中进行的，遭查封收缴遗失的党刊甚多。为了迷惑国民党的报刊检查，这一时期中国共产党在白区的报刊发行上大多采用不断变换刊物名称，或以伪装封面的形式出版。《红旗》第 6 期伪装成《快乐之神》，第 23 期伪装成《时时周报》，第 26 期伪装成《实业周报》，第 27 期伪装成《平民》，第 30 期伪装成《光明之路》。在严峻的政治环境中，中共组建了广泛的地下或公开发行网络，但党刊的发行工作仍时常遭受破坏，并付出过惨痛代价。秘密印刷所和多处发行地址被破坏。1931 年 10 月，中共中央原设于庄源大弄（今虹口区旅顺路）的秘密印刷所遭到破坏，只得另设秘密印刷所（今虹口区东大名路 1180 号处），出 16 开本《红旗》三日刊。此外，工作人员和报贩也时常被捕，仅《红旗》就先后有 70 多名报贩和工作人员被捕。

杨匏安从家人那里了解到，广州起义失败后，中共广东省委又多次遭到敌人破坏，许多熟悉的同志或被敌人逮捕或被敌人杀害了，不过他的堂叔杨章甫、堂弟杨应广和好友潘兆銮等人已转移出广州。杨匏安向家人分析了当前的险恶局势，交代工作方法，布置工作任务。他告诉家人，革命工作面对的就是危险的环境，要做好随时坐牢、杀头的心理准备，要做最坏的打算。

在上海期间，杨匏安一家不仅处境危险，生活也十分艰苦。那时，杨匏安的长子杨文达 11 岁，次子杨明 8 岁，长女杨绛辉 5 岁，三子杨志 2 岁。杨文达和杨明正是上学读书的年龄，但因环境险恶，怕被人认出而暴露杨匏安的行踪，只能在家自学。

在白色恐怖下，党的经费筹措十分困难，杨匏安一家人口多，7 个孩子中有两个因病缺医而早夭。那时出版革命书籍发行困难，稿费很低，为了弥补家用，杨匏安还要帮助家人推磨做米糍，让他母亲和小孩第二天早晨上街叫卖。他要求家人在工作中保守秘密，绝不能暴露身份，不仅经常变换各种身份，还要时常搬家变换住址，几乎每个月都要搬家，但全家都不辞艰苦、不顾危险为革命工作。杨匏安的母亲、妻子经营女红，家里唯一值钱的东西是一台缝纫机，而且是唯一的谋生工具。妻子还教小孩读书，经常以各种身份掩护党的活动，或传消息、散发传单书报，或到印刷厂帮助工作。小孩子出门时，杨匏安或他的妻子都要在每人的口袋里装上两毛钱，规定平时不能用，一旦机关暴露，或同组织失去联系，才可作救急用。杨匏安的母亲陈智年纪大，不太引人注意，他就利用这个条件，掩护地下机关，保护过很多同志。杨匏安还有一个庶母，也一起在上海，她有时挑担进工厂，有时挑担上街，常常将文件或者传单塞进箩筐中传递。

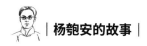

1928 年初，由蒋光慈、钱杏邨、林伯修、洪灵菲等进步作家发起的革命文学团体太阳社在上海成立，这是在中国现代文学史上有重要地位的革命文学团体。杨匏安与瞿秋白、罗绮园、高语罕、郑超麟等一起出席了成立大会。在此前后，他们还成立了春野书店，出版了《太阳月刊》。《太阳月刊》被国民党查禁后，先后易名为《时代文艺》《新流月报》《拓荒者》《海风周报》，倡导无产阶级革命文学。太阳社成员多是共产党员。杨匏安与罗绮园曾用笔名在太阳社出版的刊物上发表过小说，倡导革命文学和宣传马克思主义文艺思潮。

钱杏邨在 1938 年回忆："1928 年太阳社成立于上海。当时中央干部参加的有瞿秋白、杨匏安、罗绮园、高语罕、郑超麟。瞿工作忙，没写文章，只匏安、绪园用笔名发表了几篇小说。"任钧在 1979 年回忆这段历史时写过《关于太阳社》一文："太阳社 1928 年初成立于上海，发起人为蒋光慈、钱杏邨（阿英）等。成立时，当时中央负责人瞿秋白、杨匏安、罗绮园等都曾出席参加。"1983 年 9 月 14 日，上海市政协委员郑超麟在接受杨匏安儿子杨明和中山大学历史系李坚教授的访谈时，曾回忆杨匏安参加了太阳社。

从 1928 年初开始，太阳社和创造社两个革命文学团体在其创办的《太阳月刊》《创造月刊》等杂志上倡导无产阶级革命文学，成为中国左翼文学运动的起点，对于无产阶级革命文学运动的发生、发展起到了巨大的促进作用。这两大文学团体成员一度与鲁迅不睦，双方激烈的论战持续不休。由于受到当时共产党内"左"倾路线的影响，对中国社会和革命的性质缺乏正确的估计与分析，许多作家在理论主张上存在着一些严重的偏颇之处。他们片面强调文学的宣传作用而抹杀其审美特征，视文学为"武器""留声机器"，极力为"标语口号"式的文学辩护。他们全盘否定五四新文学的传统，把批判的矛头直接指向鲁迅、茅盾、叶圣陶、郁达夫等新文学先驱者。

面对太阳社、创造社的围攻，当时中央认为鲁迅是"五四"以来很进步的老前辈，在青年中影响很大，要求太阳社、创造社停止围攻，争取团结鲁迅。这中间杨匏安是做过工作的，他向当时的中央文化工作委员会书记潘汉年反映了这个情况，要求转告党中央纠正这种不良的倾向。当时在中央工作的周恩来和潘汉年一起来到杨匏安的住所探望他，并了解相关情况。据学者王晓建的研究以及杨匏安亲属回忆，杨匏安针对当时太阳社、创造社对鲁迅的论战提出了自己的看法，曾向周恩来建议：要想在文化方面结成统一战线，必须停止对鲁迅先生的围攻。周恩来过问了这个问题。中央经过调查，认为鲁迅和太阳社等文化团体之间并没有原则性的分歧，为了革命事业应该以大局为重，团结起来共同战斗。杨匏安将中央的主张传达给了太阳社的领导人，不久，太阳社停止了对鲁迅的围攻。

1930 年 3 月 2 日，中国左翼作家联盟在上海宣告成立。太阳社全体成员加入中国左翼作家联盟。鲁迅等人被选为常务委员，并在会上作了《对于左翼作家联盟的意见》的重要讲话。杨匏安在左翼作家联盟的文化刊物上曾发表过文学作品。左翼作家联盟是中共领导下的进步文化团体。它在继承"五四"新文学传统，介绍与传播马克思主义文艺理论，提倡无产阶级革命文学，培养进步文艺队伍，创作反映时代精神的文艺作品，粉碎国民党反革命文化"围剿"等方面都取得了辉煌的成就，在我国现代文学史、革命史上谱写了光辉的篇章。

第七章

坚贞不屈
英勇就义

1

笔耕不辍，编译《西洋史要》

　　这一时期，中国学界兴起了西学翻译潮，人们通过翻译把中学、西学融会贯通，出现了一批影响重大的译著。明末思想家徐光启曾说的"欲求超胜，必先会通；会通之前，必先翻译"，是此时翻译思潮的一个重要注解。

　　与此同时，在极端艰难困苦的环境下，中国共产党继续有组织有计划地翻译和出版马列著作。当时无论是苏区还是白区，对马克思主义理论的学习都有迫切的需要，苏区同志还来信希望中央能够解决苏区群众理论教育的教材问题。1928年7月，中共六届一中全会通过的宣传工作决议案提出的一个重要任务就是发行马克思主义和列宁主义的重要著作。党的主要领袖也笔耕不辍，根据中共革命的斗争实际，撰写许多有指导意义的著作。杨匏安在这种情况下，积极开展编译工作。他参考朋友从苏联东方大学和莫斯科中山大学带回国的西方革命史讲义等资料，准备编写一本名为《西洋史要》的教材。他与太阳社的林伯修约定在1929年的秋季开学前，由南强书局正式出版这本书。在编写这本书的过程中，康若愚也来到上海。康若愚在广州起义失败后，被国民党反动派判了两年的徒刑。田汉在广州活动时知道了她的情况，便展开营救工作，把她担保出来，并带到上海。她在田汉创办的月刊上连续发表文章，很快被正在从事革命文化活动的杨匏安发现了，所以杨匏安通过太阳社找到了康若愚。康若愚便协助杨匏安开始从事《西洋史要》的编写工作。在写作过程中，杨匏安面对艰

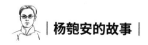

辛的生活磨难、缠身的疾病煎熬、白色恐怖的威胁，但他百折不挠，刻苦努力，依靠顽强的毅力，付出艰苦的劳动，终于完成了《西洋史要》的编写工作。1929年7月，《西洋史要》以王纯一的笔名如期正式出版。

《西洋史要》是我国较早出版的用马克思主义的历史唯物主义观点写成的一部西洋史著作。该书一共18章，依次叙述了封建时代、商业资本时代、农民战争、资产阶级革命、英国工业革命、法国大革命、小资产阶级专政时期、资产阶级反动时期、英国的宪章运动、法国1848年革命、1848年德国革命、欧美民族解放运动及民族统一运动、第一国际、法国1870年革命、帝国主义时代、第二国际、大战后的资本主义、大战后的革命运动等内容。还着重介绍了英国工业革命、法国大革命、欧美民族解放运动，以及第一国际、第二国际等内容，是一部较为完整的西洋革命史。书中重点描写了农民阶级、工人阶级在推动历史中发挥的重要作用，围绕着生产力与生产关系、经济基础与上层建筑的矛盾展开，具有鲜明的马克思主义立场，这在当时是具有先进性的。

杨匏安坚持了整体史观和经济史观这一马克思主义的基本原则，力图找到社会历史发展的一般规律。唯物史观认为，社会不是无序的集合体，而是一个动态的互相关联的复杂体系，在纷繁复杂的表象下面，隐藏着深层的规律。在这方面，马克思主义不同于实证主义，实证主义的史学理论坚持让历史本身来说明真相，认为史料自身就是一切，而马克思主义认为历史并不是机械的现象显示，而需要以科学的理论对历史加以分析和阐释，找到其深层的东西，并把这视为历史研究的目的和历史的真相。在探究历史发展深层原因时，马克思恩格斯发现："人们在自己生活的社会生产中发生一定的、必然的、不以他们的意志为转移的关系，即同他们的物质生产力的一定发展阶段相适合的生产关系。这些生产关系的总和构成社会的经济结构，即有法律的和政治的上层建筑竖立其上并有一定的社会意识形式与之相适应的现实基础。物质生活的生产方式制约着整个社会生活、政治生活和精神生活的过程。不是人们的意识决定人们的存在，相反，是人们的社会存在决定人们的意识。"在马克思主义看来，一切历史现象究其根本都是由于生产力和生产关系、经济基础和上层建筑的矛盾引起的。当生产关系无法满足生产力发展的要求时，生产力就会突破旧的生产关系的束缚，从而引发社会的变动，而这种规律是不以人的意志为转移的普遍规律。马克思主义这种历史观在杨匏安的《西洋史要》一书中得到了充分贯彻，成为解释和描述世界历史发展过程的基础。

坚持人民史观和阶级斗争观点，强调人民大众的力量和阶级斗争对历史的推动作用。杨匏安在《西洋史要》一书中，忠实地贯彻了马克思主义的这种以人民为中心和阶级斗争的基本原理。在体例的安排上，杨匏安基本放弃了按重要人物的活动来编排历史的原则。《西洋史要》一书体现的是一种宏观的视角，即以各个阶级、各人民群体作为考察历史变动的主要对象，考察各个阶级在不同历史时期的经济状况，以此为基础分析社会历史变动的原因。这种方式使《西洋史要》摆脱了过去写历史却忽视历史主体的弊端，使劳动大众成为历史的主人。在分析封建制度时，杨匏安详尽地描述了社会的等级划分，对不同的阶级都给予了深入的分析，尤其是对农民和市民的状况进行了细致的介绍，认为农民艰苦的自耕状态是最终导致疾疫暴发的原因；而在描述商业资本的出现带来的后果时，他又单列"商业资本与农村经济"一章，以"农民的被剥削""农民的无产阶级化""农奴制的性质"几个方面来全面分析了农村和农民的变动。同时，

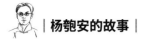

他还就不同国家，如英、法、德等国的农民状况进行考察，这样，就使农民作为推动社会发展的基础力量的地位得到了应有的重视。例如，在分析资产阶级革命和资本主义诞生的时候，杨匏安用了很大的篇幅来描述产业工人的崛起和他们的状况。总之，在《西洋史要》中，真正实现了以人民为历史中心的目的，体现了人民是历史推动力的唯物主义史学观点。

杨匏安对共产主义运动给予了极大的关注和系统的介绍，成为在中国开国际共产主义运动研究之先河的人物。他把国际共产主义运动作为世界历史的重要组成部分，对其进行了全面的介绍。该书从英国工人的先章运动、第一国际的成立一直写到第三国际的成立，详尽描述了国际工人运动的历史。书中认为：在宪章运动的阶段，工人尚处于自在的阶段，觉悟不高，没有政治上的指导和目标，只有到1848年革命的时候，工人阶级才开始成了历史的主人。杨匏安对此评价道："二月革命的无产阶级在斗争中间，已表示一切解放运动的成功倘若没有无产阶级参加是不可能的；没有无产阶级的胜利，则全欧洲革命的胜利也是不可能的。1848年六月事件，已将欧洲他日无产阶级社会主义的革命之秘密通知全世界；而1848年的革命，又已表示欧洲资产阶级革命的作用早经完了。"

他将中国历史置于世界历史中加以观察，通过比较，在一定程度上揭示了东西方社会分流的原因。《西洋史要》出版前，在国内，将中国史置于世界通史中，通过比较的方式叙述历史的版本尚不多见，而《西洋史要》一书在这方面显示了自己独特的一面。该书从第一章到第三章，就中西社会的经济制度到政治制度，从社会矛盾到农民战争方面都作了细致的比较。例如，在社会制度方面，《西洋史要》主要对中西封建制度进行了比较，认为中国与西欧的封建制度"实质是一样的"，都是以剥夺农民为基础的；东西方的城市与手工业的作用也是相同的。但封建制度在东西方产生与结束的时间却是不同的。西欧封建制度产生于 5 世纪中叶至 9 世纪之间，其结束的时间在各个国家是不同的，"在西欧各国，由封建制度过渡到历史发展下一个阶段，非一时发生的。意大利自 12 世纪至 13 世纪时候，已经成为商业资本主义的国家，在英法则在 14 世纪至 15 世纪才看见封建制度破灭和商品经济的盛行；德国更迟至 16 世纪"。"中国的封建制度，在纪元前 12 世纪、13 世纪之间产生了。"可见中国的封建制度产生远远早于西欧；中国的商业资本的出现也早于欧洲，"纪元前 4 世纪至 2 世纪，为中国封建制度崩溃时期，以后商业资本主义就发生了"。但是，封建制度的残余在西欧的结束却早于中国，西欧到新的工业资本主义的时代封建残余结束，法国 18 世纪末叶经过大革命肃清封建残余；德国封建残余保存在 1848 年革命时期。而在"中国封建制度的残余，直到现在依然保存着，（到处有大地主及乡绅）在外国资本帝国主义与中国新势力斗争的时候，常企图与封建分子妥协，因此中国革命的主要任务，就是彻底扫除一切封建制度的余孽"。

书中还介绍了中国农民战争的情况，指出："农民暴动和战争，不仅发生于欧洲，大凡商业资本存在过的地方，总是免不了的。"简要叙述了最早从秦朝末年的陈涉称王到西汉末年绿林赤眉起义，到东汉晚期的黄巾起义，再到唐末的黄巢之乱、元朝和明朝的农民暴动，及至清末的太平天国起义的历史。指出中国农民战争与西方的屡屡失败不同，农民曾经几次取得政权，但该政权并不能始终代表农民利益，且很快就成为压迫农民的政权，主要原因就是"农民不能单独地去巩固自己的政权，经过一次革命之后，旧地主的势力未完全摧毁，新的地主阶级又复形成，而当时领导农民

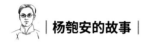

战争的草泽英雄，一旦做了帝王，便即腐化"。这些观点基本符合马克思关于农民战争问题的经典论述。

《西洋史要》多处论及"商业资本"这一概念，显然是受了苏联的政治活动家、共产主义宣传家拉狄克的影响。拉狄克是西方革命史的权威，也是中国历史专家，曾于 1925 年冬至 1927 年夏担任莫斯科中山大学的校长。拉狄克也被称为最早运用"商业资本"概念来解释中国历史的学者，虽然国内有不少学者对此持不同意见，但它仍对中国史学产生了一定影响。

杨匏安牺牲后，《西洋史要》仍然继续再版，至 1936 年 5 月，已再版了 5 次。《西洋史要》在编译过程中，其义妹康若愚帮助抄书稿，杨匏安对她说："这本书可供中上学校的教员买来作补充材料教育学生。"

杨匏安写作《西洋史要》花了不少心血。他从 1928 年开始动笔，花了几个月时间写出该书。杨匏安的亲属回忆，他经常每天只睡三四个小时，有时甚至是通宵达旦地写作。杨匏安身体瘦弱，患有肺病，常常咳嗽不止，他等咳喘稍微好点，就又奋笔疾书。那个伏案写作的身影久久留在家人脑海中。他的辛苦没有白费，终于写出了一本好书。南强书局的老板陈卓凡看了原稿，叮嘱负责编务的杜国庠尽快印刷出版。

《西洋史要》一书作为第一本以马克思主义唯物史观编撰的西方通史，不仅在当时是开先河之作，对于如何把马克思主义的研究方法运用到历史研究中去起了示范作用；即使在成书多年后的今天看来，依然有值得称道和借鉴的地方。作为后人，我们不应忘记他在历史研究方面作出的这份重要贡献。今天，我们不仅要继承和发扬杨匏安的共产主义精神，也要学习和继承他对待历史的科学态度以及在科学研究方面的创新精神。

值得一提的是，此时杨匏安的义妹康景昭也来到上海，加入了著名戏剧家田汉创办的南国社，并参加戏剧的公演。演出之余，她经常到杨匏安家，帮忙誊抄《西洋史要》等书稿。康景昭也创作了长篇小说《狱中记》，署名康白珊，在《南国月刊》1929 年第 1 卷第 2 期上开始连载。《狱中记》是康景昭根据狱中亲身经历写成。1927 年 12 月广州起义失败后，康景昭和黎演荪夫妇二人被捕入狱，黎演荪不久就被国民党反动派杀害。1929 年初，经田汉全力营救，康景昭终于出狱，得以在上海与杨匏安一家团聚。

1930 年，杨匏安担任中共中央农民运动委员会兼农民部副部长。此时，中国共产党领导的人民革命斗争进入土地革命战争时期，这也是最艰苦的年代。中国共产党在革命根据地开展轰轰烈烈的土地革命，迫切需要新思想来指导制定土地革命路线和相关政策，解决土地革命的基本问题，所以一批有关地租的译作应运而生。例如，日本社会思想家高岛素之的《地租思想史》于 1930 年至 1931 年两次被国内翻译刊印；1931 年，日本学者河上肇的《马克斯底绝对地租论》被翻译刊印；1932 年，上海黎明书局出版了经济学家郑学稼（早年曾留学日本，后赴中国台湾，某些著作有明显御用色彩）的《地租论》。郑学稼在自序中说道："在没有全面地研究农民问题之前，应先探讨地租的范畴。如果不了解地租的意义，地租范畴之辩证的发展，地租与其他分配范畴之相互的联系，那么就无由把握了所欲研究问题的对象，也就是不能够圆满地或且正确地理会了农民问题。"这也是 20 世纪 30 年代初期国内出现一批有关地租论的译作的重要原因。

杨匏安多年来一直关注着农民问题，从 1918 年《王呆子》小说对青年农民王呆子的塑造，到 1919 年《青年周刊》创刊词中对农民问题的重视，再到 1929 年《西洋史要》中对中国农民战争史的回顾，无不体现了他在农民问题上的不凡见解。

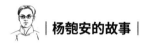

一方面当时中央苏区等各根据地正在进行土地改革，另一方面为了研究西方国家的地租制度和社会主义苏联的土地政策，杨匏安翻译了拉比杜斯著的《地租论》，并从《列宁全集》中选译了《1905年—1907年俄国革命时期社会民主工党的土地纲领》，以"伊里几的地租论"为题作为附录，此外还编译了"苏联经济中农民分化过程的特征"的专题资料，合为《地租论》一书。此处的"伊里几"（伊里奇）正是苏联的主要缔造者、著名的马克思主义者列宁。拉比杜斯是苏联经济学家，1924年毕业于莫斯科大学医疗系后，在高等学校讲授政治经济学，对宣传马克思主义的经济埋论起过积极作用。

《地租论》在1930年6月交由上海南强书局出版，译者署名"王纯一"。

第一章"资本主义经济中的地租"中，杨匏安阐述了马克思主义关于地租实质的观点，即地租是工人创造的剩余价值的一部分。用11个小节对地租的概念、差级地租、农产品的价格、地价、地租的社会意义、土地国有与地租等进行了阐述。杨匏安阐述了资本主义地租的基本内容和地租的两种类型，阐明了地租与土地国有、农产品价格的关系，总结了地租带给资本主义的双重作用，指出了农奴制地租与资本主义地租的区别。第二章用三个小节讲"资本主义以前的地租形式和小农经济中的地租问题"，主要论述了资本主义以前的地租形式、差级地租和小农经济的关系、绝对地租和小农经济的关系。书中谈及当农民失去土地之后，"他将受迫而以自己的劳动力卖给资本家，换言之就是变为无产者了"，由此可见，无产阶级与农民有一种天然的联系，得出小农经济与差级地租密切关系的结论。第三章"苏联经济中的地租问题"，分为7节，主要论述了苏联农业和资本主义农业在经济上的区别、苏联小农业中的绝对地租与差级地租的问题、租让经济和富农经济中的差级地租问题、苏联与世界市场的关系，以及地租与农业税、城市土地的地税问题等内容。书中写道："苏联国家所实行的土地国有，不仅限于把土地私有权转移于政府之手而已，而且还消灭了封建地主的和资本主义的农业，没收地主的和富农的生产工具。"其结果："一方面富农遭了没收，另一方面，贫农因为得到从地主和富农那里所没收来的土地而抬头了，扩充了自己的耕地，并得到了耕种田地所必需的工具。"杨匏安还对苏联实行的新经济政策对农业产生的影响作了评述。值得注意的是，杨匏安同时阐述了地租理论在苏联的实践。杨匏安从土地所有权、生产关系两个角度明确地指出苏联农业与资本主义农业的区别，分析小农经济与差级地租、地租与农业税、苏联与世界市场等方面的关系，对苏联经济理论与实践进行较为全面的梳理。杨匏安对马克思主义地租理论的梳理和对苏联经济的分析，表明杨匏安不满足于从理论上认识和掌握马克思主义地租理论，更要运用理论分析、解决现实问题。

《地租论》还有2个附录。

附录一"苏联经济中农民分化过程的特征"，其中写道，"苏维埃经济中，依然免不了农民的分化"，其"分化过程之特点，在于中农之发展方兴未艾"。还指出："苏维埃政府在对于农民关系上所采取的政策的根本原则，为依靠贫农，和中农保持联合，以与富农斗争。"

附录二"伊里几的地租论"，分为3章，第一章"地租论"，第二章"差级地租与绝对地租"，第三章"地租报酬递减率"。这三章主要摘译了列宁有关地租的理论。

这本书对于当时各革命根据地正在深入进行的土地革命，颇有理论

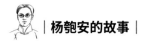

指导参考价值。同年党中央以中国互济会名义举办了一个干部训练班，培养全国各地中层党员干部，约 1 个月为一期。杨匏安和阮啸仙等人担任教师，给学员讲课。从《地租论》每章后都有练习题这个形式分析，《地租论》也是杨匏安课上讲授的内容。

作为经济学领域中农村土地问题的译著，这本书的理论性和专业性都很强，全书（含附录）还罗列了 25 个问题与习题，我们从第三章后附的 6 个问题中选取 3 个就可看出其难度："把差级地租应用到苏联中农和贫农上去的人，其错误何在？""为什么农业税不能看作地租？""农业税和地税的差异何在，地税为什么不能视作一种差级地租？"如果没有对农村问题进行关注和研究，要完成这种专业性很强的编译工作是困难的。

杨匏安 1928 年回国到 1931 年牺牲，前后几年中他要做党的地下工作，参与编写出版《红旗》，业余才能从事编译，《西洋史要》也是这期间出版的。由此可知，编译《地租论》的时间是非常有限的，除了杨匏安工作效率极高外，还与他多年来对农村问题的关注研究有关。从小说对青年农民王呆子的塑造，到《青年周刊》创刊词中对农民问题的认识，直到从事农民工作，可见杨匏安在中共早期领导人中是对农民农村土地问题有不凡见解者之一。

到 1936 年，该书已再版了 5 次。而这种影响力也延绵至今，2016 年上海社会科学院出版社影印出版《民国西学要籍汉译文献》系列丛书时，再次将此书列入"经济学"分辑之中，近百年前的经济学著作仍然滋养着当今的学者。

2

译《地租论》，遭第三次入狱

正是杨匏安在开展《地租论》编译工作之时，他第三次被捕入狱。1930年初，杨匏安所在的《红旗》报印刷机关遭到敌人破坏，他因此被捕关进了上海提篮桥监狱。周恩来等中央领导同志知道后，通过律师协会全力组织营救。周恩来还冒着白色恐怖的危险，去看望杨匏安的家人，安慰他们，并表示党组织一定会想一切办法、尽一切力量把杨匏安尽快地营救出来，此举令杨匏安的母亲陈智非常感动，她用一双粗糙的手紧紧地握着周恩来的手，微微下陷的眼窝里，一双深褐色的眼眸，含着点点泪光，双唇微微颤抖地说："周部长，匏安的事情您费心了，到处搜捕共产党员，你要多注意安全，你快点离开吧，千万不要再来！"所幸的是，杨匏安这时用的是化名，并未暴露真实身份。他在狱中和律师密切配合，与敌人斗智斗勇，终于在被扣押了8个月之后重获自由。

在出狱前，他就通过家人和朋友安排好了新编译的《地租论》的出版工作。在狱中的这段时间，他的家人处境更加危险，生活更加艰难，因此有人开始有怨言了。杨匏安知道这些情况，所以他在出狱的当晚，就召开了一次重要的家庭会议，讨论全家今后应该怎么办的问题。杨匏安最大的两个儿子杨玄和杨明当时都十几岁了，在党的印刷机关当学徒，已经懂事，他们首先表示要跟着爸爸走革命的路。但也有人说，我们做这些事情，既没钱又危险，小孩没书读，上街都提心吊胆的，是不是要回到老家

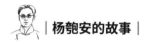

去，那样会好些。杨匏安坚定地说，再穷再危险，也要革命到底，不能半途而废。全家人都被他彻底革命的精神所感动，七八个大人再无异议。杨匏安的母亲陈智也激动地对杨匏安说，既然这样，我们全家人都支持你。她又对孙子说，既然你们都表示要跟爸爸走，那就要听话，并且要记住，革命是要流血的，你们不要希望，革命成功之后给你们什么报酬，说不定哪天我们就都牺牲了，要有这个思想准备，要下定这个决心。那天晚上的情形，对杨匏安全家的教育非常深刻。杨匏安的小儿子杨文伟在 50 多年后回忆起这件事，仍觉得当时的场景历历在目，感觉祖母、父亲的话还响在耳边。

杨匏安出狱后，和家人一起居住在上海公共租界东有恒路（今东余杭路）2048 号，这也是共产党的一处地下秘密据点。

当时杨匏安被中央任命为中共农民运动委员会的副部长。本就患有严重肺病的他，再加上 8 个月的监狱生活摧残，身体更差了，常常喘不上气，但他的革命精神更加旺盛。

1931 年春，按照中共中央的指示，杨匏安同阮啸仙等人一起在上海举办了"中国革命互济会政治训练班"。这实际上是中共中央的干部训练班，主要培训来自全国各省的中高层党员领导干部，大约一个月举办一期。第一期学员三四十人。杨匏安不顾自己身患重病，不辞劳苦，与阮啸仙等 4 人担任教师给学员讲课，主要讲授农民运动及政治理论课程。中国革命互济会前身是 1925 年 9 月在上海成立的中国济难会，是中国共产党领导的革命群众团体。1929 年 12 月改称中国革命互济会，总会设在上海，其主要任务是营救被捕的革命者、救济死难革命者的家属、援助被压迫群众、反对白色恐怖等。该会于 1930 年 9 月被国民党反动派查封，被迫转入地下。在白色恐怖的环境中，杨匏安为反对帝国主义和国民党反动统治的斗争作出了贡献。

当时党的活动经费十分困难，杨匏安一家人口多，生活异常艰难。他自己身患肺病，妻子的身体也不是很好。虽然杨匏安和家人的生活非常艰苦，但他却仍坚持"又穷又危险"的事业，一旦拿到一笔较大的稿费，他除了给自己及家人留一点生活费外，其余大部分都交给党组织作为革命经费。

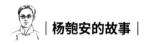

3

绝不变节，献身革命事业

1931 年 7 月，中共中央宣传部负责人罗绮园，因私人生活作风问题，被叛徒胡某（黄埔军校学生）向南京蒋介石告密。7 月 25 日早晨，一批国民党特务和公共租界的巡捕，分头对叛徒出卖的 5 个地点实施搜捕，逮捕了杨匏安、罗绮园等 12 名共产党员。当时一群荷枪实弹的巡捕和国民党特务突然冲进杨匏安家，开口就要找杨匏安，直奔杨家小阁楼上把正患着肺病的杨匏安围起来，杨匏安知道自己的身份可能暴露了，但他十分镇定说："我叫陈君复，不叫杨匏安！"敌人也不给他任何辩解的机会，不由分说地用绳子把他捆绑起来，以防逃脱，还戴上手铐。并对他的家进行彻底搜查，翻箱倒柜，还威胁杨匏安家人。但只搜到共产主义书籍一网篮和著作一卷，从杨匏安身上搜到五元票一张，一元票两张，眼镜一副，还有共产党传单。他们随即将杨匏安强行押走，他的夫人赶紧给他找了几件衣服带上，不承想这竟是永别。

敌人随后将他关押在上海工部局的汇山捕房，这是杨匏安第四次入狱。敌人对他进行审问，杨匏安除了坚称自己是陈君复外，别无其他口供。当天晚上，一个叛徒来找杨匏安谈话，告诉他国民党已经知道他的真实姓名和身份了。第二天，他被解往江苏高等法院第二分院。叛徒又来劝告杨匏安，要为了个人前途着想，最好自首，否则难有活路。杨匏安见自己的身份已经暴露，就干脆表明自己已准备牺牲。之后国民党淞沪警备司令部致函第二分院，指控陈君复即杨匏安，并出示了照片，要求引渡杨匏安，还声称是南京来文指名要抓他。于是杨匏安被宣布犯了"危害民国罪"。庭审结束后，7月27日杨匏安又被引渡到国民党淞沪警备司令部设在南市区白云观的侦缉队关押。之所以会有如此针对性的抓捕，是因为叛徒胡长源当时在上海从事党的秘密工作，与杨匏安等人有密切往来。此次一起被抓的还有另外20多名同志，这也致使中共在上海的地下工作遭到重大损失。

　　设在白云观的侦缉队是敌人对政治犯刑讯逼供的地方，关进去的人都要受刑，被称为"鬼门关"。杨匏安在这里与几个难友关在一起，其中有一个叫胡向荣的中学生、一个姓陈的大学生，还有两名工人，都是被叛徒出卖的共产党员。根据当时一同被关押的共产党员回忆："我们这个案子被捕的有十多人，都是叛徒出卖的。杨匏安从外表看有40岁，衣着朴素，身体有病，很瘦弱，但态度潇洒，神情自若。牢房里的同志对他都很尊敬，他给我的印象也最深。因为我们在同一间牢房，我年纪又最小，他非常喜欢我，经常同我们讲一些革命的道理。"杨匏安在狱中也不忘给他们讲述革命道理，鼓励他们好好学习，出去后要继续革命。这时，杨匏安的身份已经公开，虽然身体虚弱，但神情自若，还经常与人下棋。敌人对这个南京政府指名要抓捕的前国民党中央常委给予了特别礼遇，未曾对他使用大刑，但他要经常接受国民党要人的劝降谈话，甚至还想收买他。

　　杨匏安随后又被押解到龙华淞沪警备司令部看守所关押。蒋介石亲自安排对杨匏安的劝降活动，差不多天天都有看守叫他出去"会客"，先是派熊式辉、吴铁城等国民党要人劝杨匏安投降，许以高官厚禄，但都被杨匏安严词拒绝，他表示自己宁愿死也不会向国民党反动派投降。接着蒋介

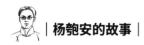
石又搬出吴稚晖当说客劝降，吴对杨匏安说："你只要写一份自首书或在报上发表声明脱离共产党，就可以获得自由，并保证有高官可做。"杨匏安当即表示，自己为了寻求真理才加入共产党，既已选定，就不能动摇。吴稚晖又以死相威胁："你再坚持下去，后果不堪设想。"杨匏安从容答道："我开始参加革命就把生死置之度外，死可以，变节是不可能的！"蒋介石给杨匏安写了两封亲笔信，通过警备司令部交给杨匏安，劝他归顺国民党。杨匏安直接把信给撕了。蒋介石又亲自给杨匏安打电话，要警备司令把杨匏安带到办公室电话旁，杨匏安就是不接电话，警备司令硬把话筒塞给他，杨匏安直接把话筒给摔了。蒋介石大怒，下达了"就地枪毙，让他秘密消失"的命令。

蒋介石对杨匏安的人品和才华是很了解的。在第一次国共合作时期，他们曾有过交集。蒋介石1956年在台湾出版的《苏俄在中国》中记载，谭平山担任组织部部长后，"他就推荐杨匏安为该部秘书。杨是一个纯粹的马克思主义者，于是组织部就在其共产党的控制之下，由他们利用这一关键地位，来执行其渗透工作"。这反映出蒋介石对杨匏安的政治立场、态度的看法，以及他对杨匏安的组织工作能力和掌控能力的无奈。

陈果夫在《十五年至十七年间从事党务工作的回忆》中记录："五月中旬第二次中央全会开会，通过'党务整理案'，五月底闭幕，中央常委会为实行'党务整理案''共党之跨党者不得任本党部长'的规定，因此推蒋先生兼组织部部长，蒋先生就派我为组织部秘书，前去接收。原任组织部长谭平山、秘书杨匏安，都是共党分子。在这个时期，本党与共党已经开始斗争……我接杨匏安之职务时，部长曾关照有事多与杨商量。"陈果夫的回忆反证了在国共第一次合作时期，蒋介石对杨匏安的重视。

　　杨匏安被捕后，周恩来等中央领导人曾千方百计设法营救。周恩来委托聂荣臻、潘汉年与宋庆龄、何香凝联系救助，两位夫人也曾向蒋介石交涉，均未能成功。周恩来等人还判断敌人会把杨匏安押到南京，准备在国民党押解的途中进行武装营救，但凶残狡猾的蒋介石作出了将杨匏安就地消失的决定，致使共产党人的营救计划无法实施。

　　关押在龙华国民党淞沪警备司令部看守所的时候，杨匏安在狱中写给家人的遗书，传到了他的家人手里。这是一张用铅笔写的纸条，上面写道："近日有南京方面的人来劝我，我不为所动，家人千万不要接受这些人的钱和物，如果不能生活，就立即南返，玄儿不可顽皮，缝纫机不可卖掉。"这是杨匏安在身份暴露做好牺牲准备之后写给家人的诀别信。在生死关头，他告诉家人，他是绝对不会投降的，准备为革命牺牲自己的生命，希望家里再困难也不能接受国民党的财物，要革命到底。

　　在狱中，杨匏安不仅自己对党忠贞不渝，还经常以革命者应有的气节教育其他同志，鼓励他们坚持斗争，忠于革命，忠于党。杨匏安还写下了许多壮丽的诗篇，只可惜大都已散失，"杀头何足惜，名节最堪珍""面对屠刀处泰然"等诗句经难友的传诵而流传下来。他在狱中觉察到罗绮园在敌人的威逼利诱下有求生变节的可能，为争取罗绮园、勉励难友保持斗志、坚持斗争，杨匏安曾写下《死前一夕作·示狱友》一诗：

　　　　慷慨登车去，相期一节全。

　　　　残生无可恋，大敌正当前。

　　　　知止穷张俭，迟行笑褚渊。

　　　　从兹分手别，对视莫清然。

　　诗的前四句大意是：慷慨地登上囚车，希望能够保存气节，残生并

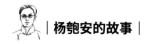

无可留恋之处，因为大敌正当前。"相期一节全"，革命者坚决、英勇、视死如归的态度跃然纸上，不屈不挠，死而后已。在"大敌正当前"的形势下，如何对待自己的生命价值，是一件非常严肃的事情，是考验党性原则的关键时刻。第五、第六句巧妙运用张俭、褚渊的典故。张俭是东汉名士，为人刚正不阿，党锢之祸时遭宦官诬告被迫流亡出逃。在逃亡时，张俭见有人家就去投宿，世人敬重张俭的德行，冒着家破人亡的危险保护他。褚渊是南北朝人，宋明帝刘彧十分宠幸他，尝谓："褚渊迟行缓步，便得宰相矣。"意思是称赞他步履从容，有宰相风度。刘彧临死前曾托褚渊扶助幼主，协理国政，并且封他为中令。但褚渊却出卖幼主转而投靠野心勃勃的萧道成，时人皆不耻褚渊助齐篡宋的行为。一忠一奸，一得民心、一遭唾弃，后人甚至讽刺说："宁为袁粲死，不作褚渊生。"杨匏安这首诗是在提醒罗绮园，勉励难友，既要学习张俭的名士气节，坚持斗争，又告诫不可像褚渊那样投敌叛变，被后人耻笑。第七、第八句又是互相劝慰，这次虽即将分别，但我们对视时请不要伤心流泪，因为胜利终将属于我们。这首诗充分表现了杨匏安在敌人面前大义凛然、富贵不淫、威武不屈的崇高的革命气节。后来，周恩来还经常吟诵这首大义凛然的诗篇，在抗日战争时的重庆，曾多次用这首诗来教育同志们在革命斗争复杂困难的环境下，要像杨匏安那样，对党对人民忠贞不渝，为革命勇于献身。

这首诗有多种不同的版本。前文是由杨匏安的次子杨明（杨宗锐）于1945年在邓颖超处摘抄的。而目前可查最早的版本见于1934年6月30日《社会新闻》刊载的《杨匏安与罗绮园之死》一文，称此诗是杨匏安在监房墙壁上题写的，内容为："慷慨登车去，相期一节全。残生无可恋，大敌正当前。投止穷张俭，临行笑褚渊。行矣从此别，相视莫潸然。"此外，还有 20 世纪 30 年代《北洋画报》《动向》等报纸杂志刊载的，以及亲历者回忆的不同版本，但仅有个别词句不同，诗词原意相差无几，不影响整体思想。作诗是反复修改的过程，从第一次灵感迸发到诗句最后定型，有可能地点并不在一处，且字词已经多次推敲打磨。而诗文在狱友中传诵，或誊抄在墙壁上，或口口相传，甚至流传出监牢之外，都经过无数人之口，无怪乎有多种版本。

1931 年 8 月的一个夜晚，上海龙华警备司令部看守所拘禁杨匏安的囚室，透显着牢狱的阴森、潮湿和恐惧，漆黑冰冷的铁栏杆，由上而下深深地嵌入地面，高大冰冷的狱墙顶端，一扇小小的窗口，是囚室平常除去放风开饭外与外界唯一的连接。杨匏安站在狱室中央，静静地注视窗口透进的那一道月光。这是杨匏安生前的最后一个夜晚，21 点左右，敌人前来看守所，以提审为名，把杨匏安等 8 人带走，他们戴着手铐脚镣，唱着《国际歌》。约过了半小时，在淞沪警备司令部内的一块荒地上响起骇人、刺耳的枪声，紧密的枪声很快传进了监狱中，瞬时，全监狱的人都起来默哀，最小的狱友胡向荣悲伤地伏在床上大哭。杨匏安牺牲时只有 35 岁。

杨匏安为了中国人民的革命事业献出了生命，他的一生是革命的一生、战斗的一生，他的英雄事迹和不朽诗文将永远存留在人民的心中。他坚定不移的革命信念和舍生取义的革命精神，将永远激励中国人民，继往开来，奋勇前进！

第八章

革命事业
永不休止

1

杨家儿女，继承革命事业

杨匏安牺牲后，党组织一直关心他的家属，周恩来还亲自安排孩子们的学习。他的子女先后走上了革命道路。杨匏安短暂却又光辉的革命生涯，离不开家人的全力支持。信仰的力量是无穷的，受杨匏安的影响，珠海南屏北山村的许多杨姓子弟有十多人积极投身革命，不愧为革命的"红色家庭"。

让我们走近这个"红色家庭"，去了解他们吧！

1931 年 8 月，杨匏安牺牲后，全家失去了经济支柱，杨家在上海的生活陷入了饥饿与困顿。"一·二八"事变时，杨家住处四川北路正是交战区，战斗非常激烈。因为战乱，杨匏安的家人与组织失去了联系。孤儿寡母一家只好离开上海。他们和众多难民挤过苏州河上的大桥，历尽艰辛，辗转回到广州。如同大厦失去梁柱马上就会坍塌，杨匏安的家已面临极端困境。

"曾有部电影叫《革命家庭》，表现的是共产党员欧阳立安一家的革命事迹。与这部电影相比，我们家其实更有故事，也更让人辛酸。"杨文伟回忆起往事，平缓的声音中透出微微的忧伤。

回到广东后的杨家，经历了令人唏嘘的变故，因生计问题，全家被迫分散到广州、珠海、香港、东莞等多处谋生。杨文伟的母亲、二姐相继去世，几个哥哥也天各一方。"二姐去世时我已有记忆，她得了白喉，家里

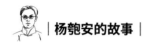

无钱医治，只好眼睁睁看着她死去……直到 20 世纪 50 年代，我才陆续得到哥哥们的消息，四兄弟团圆是 1986 年的事。那是唯一的一次……"杨文伟回忆起相继去世的几个姐姐哥哥，感慨不已。

"父亲对于我，是一笔巨大的精神财富。"93 岁的杨文伟满头银发，面容清癯，精神矍铄。回忆起父亲，他神情忧伤。"那时太小了！父亲就义是在 1931 年，我只有 3 岁，在父亲身边生活也只有两年时间。"但杨文伟坚信父亲影响了他和全家所有成员的一生。

杨匏安的母亲陈智中年丧夫，把全部精力都放在抚育唯一幸存的儿子杨匏安身上。杨匏安从走上革命道路，直至最后献身革命，都离不开母亲的关爱、熏陶和支持。杨匏安参加革命工作，她认定这是正义的事业、倾力支持，在革命遭到挫折的时候也义无反顾。杨匏安一家在广州和上海时，周恩来因工作关系及与杨匏安友谊深厚，常去杨家，对陈智很敬佩，乐于听她对一些事物的看法。

杨匏安遇难后，陈智按照杨匏安牺牲前的嘱托，带着媳妇和孙子孙女历经艰难回到广东，含辛茹苦地将孙子孙女抚养成人。后找到党组织，将他们一个个送到了革命队伍中。

杨匏安的堂叔杨章甫，1894 年出生。曾与杨匏安在前山恭都学堂、广州广雅书院求学，相处甚笃。1916 年，二人结伴东渡日本游学，因父病逝返乡，在澳门设塾以养家计。杨匏安知其困境，介绍他在广州培正中学任教，后又援引他在粤汉铁路广州分局充任编辑（时杨匏安任编辑主任）。1920 年底，陈独秀来到广东，他进行的一些社会活动得到了杨氏叔侄的帮助，如他到机关学校演讲，不会讲广州话，就由杨章甫翻译。在五四运动的影响与杨匏安的启迪下，杨章甫接受了马克思主义，于 1922 年加入中国共产党。杨章甫以铁路局编辑的合法身份，与杨匏安等深入广三、广九与粤汉铁路工人中进行宣传、教育活动，推动广州铁路系统工人运动的发展。1923 年 6 月，杨章甫列席中国共产党第三次全国代表大会并参加大会工作。杨章甫是大会筹备工作组的人员，主要负责为大会租房子、为代表安排住处，以及安排会务事宜等。1924 年国共合作后，他担任铁路局编辑主任，并领导铁路局的党组织工作。1927 年广州"四一五"反革命政变后，杨章甫逃至澳门。遵照党的指示，他在澳门设立联络站，收容逃亡的革命同志，并负责印刷《红旗周刊》。广州起义失败后，他迁居香港坚持地下工作。1929—1930 年，曾化名回中山三乡桥头学校及桂山学校执教。1930年 8 月，杨章甫返回香港，与组织失去联系。1977 年 12 月 8 日，杨章甫病逝于香港。杨章甫是广东共青团机关报《青年周刊》的主编。中共广东党组织早期的革命活动，都留下了他的痕迹。

杨匏安的妻子吴佩琪，1916 年杨匏安在澳门当家庭教师时与之结婚。1918 年举家迁往广州。她以制衣和做肥皂等手工艺，分担家庭重担，默默地支持杨匏安写作和开展革命工作。吴佩琪与杨匏安婚后生下四男两女（其中小女儿 3 岁时夭折），分别为长子杨文达，次子杨明，长女杨绛辉，三子杨志，四子杨文伟。吴佩琪肩挑家庭生活重担，与婆婆陈智默默地支持杨匏安的革命工作，她的家是党的重要活动场所，她总是热情接待革命同志，并为地下机关站岗放哨。杨匏安遇难后，她携儿从上海回广州，住在杨家祠，自己带着儿女靠剪纸花、打工维持生活。在生活极端困难的情况下，她被迫把次子杨明、女儿杨绛辉送到孤儿院，三子、四子由婆婆带回到珠海南屏北山村老家。1937 年 7 月，吴佩琪因患子宫癌，贫病无助，在广州去世。周恩来曾肯定她"在上海掩护过许多革命同志"。

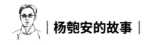

庶母关秀英，广东中山县（现为中山市）人，原是杨匏安母亲陈智的陪嫁婢女。她勤劳善良，一家人很尊重她，并影响了她，她从同情革命到支持革命，从普通家庭妇女成长为一位无产阶级的坚强战士。1928—1931年，杨匏安在上海开展党的地下工作，她经常为中央机关送信、放哨，到工厂去散发传单，以老母亲的身份掩护同志们的安全。杨匏安遇难后，一家人回到广州，她倾力帮挑家庭重担，又到澳门、香港去找党组织。1938年，她在香港找到了党组织后，与王裕寿和杨绛辉等组成一个家庭，掩护中共地下党组织的电台开展工作。她在中共中央调查部的领导下从事地下工作，直至全国解放。1953年，关秀英回北京定居，落户于杨明家。她是北京市宣武区政协委员、常委。1964年逝世，享年83岁，其骨灰安放在八宝山革命公墓。

康若愚即康景昭，杨匏安的义妹，康有为的堂侄女，自幼随母亲居住在日本，其母潘雪篯在日本大同学校教书。杨匏安在日本求学时与之为邻，曾受潘雪篯一家的关照。康若愚与杨匏安谈论文学、哲学、政治，时常吟诗作词，因之结成好友。1916年，潘雪篯大病临终时托付杨匏安照顾康若愚，有意促使杨、康结合。同年冬天，杨匏安的母亲谎称病重，把杨匏安从日本骗回家，母亲的用意是让儿子杨匏安赶快与邻村姑娘吴佩琪结婚。母命难违，虽然在日本杨匏安已经与康若愚订了婚，但他不得不忍痛割爱，给远在日本的康若愚写了一封信，在信中杨匏安对康若愚作了解释。后来，康若愚回国后，拜杨匏安的母亲为干娘，后在广州道根女校任教，当过校长。五四运动以后，康若愚在杨匏安的影响下，参加革命，加入中国共产党。康若愚与杨匏安的关系"发乎情，止乎礼"，有坚实的革命情谊。杨匏安牺牲后，她仍与杨母及杨匏安子女保持密切关系，深受杨家人喜爱，杨匏安的孩子们称康若愚为"康姑姐"。

杨匏安长子杨文达，字宗玄。1917 年出生于澳门，1918 年随家人到广州生活，1928 年跟随父亲杨匏安到上海。杨文达从小得到父亲的严格教导。父亲遇难后，杨文达随全家人回到广州，他先去东莞、香港打工，后考入国民党中央政治学校。抗日战争时期他参加骑兵队奔赴抗战前线，被授予中校军衔。1942 年他在重庆见到周恩来，并被派到与国民党军队有联系的"朝鲜义勇军"工作，曾为解放区运送大批军需物资。1994 年 7 月杨文达因患心脏病在香港逝世。

杨匏安次子杨明，字宗锐，1920 年出生于广州，后随全家到上海。在父亲牺牲后，1932 年随家人又回到广州。由于生活极端困难，他和妹妹被送进孤儿院，周恩来打听到他们的下落后写信给廖承志，委托何香凝把他们兄妹从孤儿院接出来，送到仲恺农工学校读书。1936 年他与于光远（著名经济学家）、黄秋耘（作家）、力一（核物理科学家）等组织中华民族抗日先锋队广东分队，因被国民党通缉逃往海南岛。1937 年 4 月在中共海南特委（琼崖纵队）领导下，在海口电报局做地下工作并加入中国共产党。1938 年赴延安，得到周恩来、邓颖超的关心，先后入读抗日军政大学和马列学院。学习结束后在党中央机关和军委三局工作，其所在集体曾在保卫延安的战斗中受到毛泽东的表扬。中华人民共和国成立后，先后在邮电和航天部门工作。

杨匏安长女杨绛辉，1923 年出生于广州。父亲遇难后，1932 年她从上海回到广州，在生活极端困难的情况下，母亲把她送去孤儿院。后来，党组织把她从孤儿院接出来送到香港中华书局当工人。1938 年她与祖母陈智、庶祖母关秀英及王裕寿组成一个"家庭"，掩护党在香港的地下电台工作。

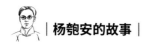

1939 年她与王裕寿正式结婚。1941 年日军侵占香港，全家随电台迁到澳门。1943 年在澳门病逝。其爱人王裕寿，江西吉安人，1931 年参加中国工农红军，1937 年被派到苏联学习无线电。1938 年回国后被派往香港，在共产党员朱伯琛领导下组建香港地下电台，长期从事党的地下工作。

杨匏安三子杨志，字宗政，1925 年 9 月 1 日出生于广州。父亲遇难后，1932 年随家人从上海回到广州。当时生活异常困难，祖母带着他和年仅 3 岁的弟弟杨文伟回到家乡北山村谋生，1937 年又带他到香港当童工。1939 年，周恩来委托廖承志找到杨志，并由毛泽东的好友朱伯琛安排送往延安，交给帅孟奇，并安排在延安自然学院学习。杨志毕业后参军上前线，在解放战争中，他参加过东北四平保卫战，当过武工队队长和熊岳县县长。中华人民共和国成立后，他先到北京农业大学学习，毕业后调广东华南热带作物研究所工作，后到海南和云南种植橡胶，曾任云南省林学院副院长。"文革"期间被打成"国际大特务廖承志的特务"。1978 年平反后调回广东，任广东省林业厅副厅长，多次到中山、珠海指导造林绿化工作，解决资金和技术等问题。1989 年 10 月 17 日在广州逝世。

杨匏安的四子杨文伟，字宗威，1928 年出生于珠海翠微村。父亲遇难后，1932 年随家人从上海回到广州，住在杨家祠。面对生活困境，母亲打算把他卖了，他哭喊拒绝，才没被卖掉。母亲去世后，祖母带着他和杨志回到家乡南屏北山村，祖孙相依为命。几年后，在党的安排下，杨文伟进了设在九龙的香港难童收养所，并在香港侨光小学就读。他的大姐和姐夫当时也在香港办地下电台，他就跟着姐夫王裕寿学无线电技术。1941 年底香港沦陷，次年，杨文伟跟着地下电台撤到澳门，地下电台与中央失去了联络。1942 年杨文伟到云浮县依附堂叔杨青山。1943 年，堂叔杨青山被裁员，生活不景气，他只好回北山村。也是这年，年仅 20 岁的大姐得了重病，最后因无钱医治去世。其后，姐夫负责的地下电台与中央恢复联络，杨文伟到澳门找到姐夫王裕寿与其共同生活工作。1945 年 3 月，党组织负责人朱伯琛把杨文伟送到广东抗日游击队东江纵队，他被安排在司令部电台工作。1946 年他随东纵司令部撤至山东烟台，之后被调到中央军委华东社会部调查研究室，为华东战场历次战役提供军事情报。其夫人郑梅馨，1950 年参军入伍，在福州军区总医院医务部工作。杨文伟和郑梅馨离休、退休后，克服各种困难，热忱追寻父亲的革命足迹。他们多年来对推动研究、宣传杨匏安的革命业绩，做了许多令人赞叹的工作，为弘扬烈士精神、传承红色文化基因作出了表率。他们是珠海杨匏安研究会的顾问，为研究会工作积极奔走，竭尽全力，深受大家爱戴。

杨广，杨匏安的堂弟。1918 年随杨匏安到广州读书、生活，五四运动前后，他积极协助杨匏安宣传马克思主义。1921 年，广东社会主义青年团和广东共产党小组先后在广州成立，杨广成了广东党组织最早的交通员，主要任务是给外地来的同志带路和到邮局寄发向上海中共中央机关汇报的文件。1922 年他参加中国社会主义青年团，1924 年加入中国共产党，投身于工农运动，曾任中共广东区委通信员、工会训育员。蒋介石策动四一二反革命政变后，大批共产党人遭逮捕杀害，他到香港接应脱险的同志。经过精心准备，1927 年 12 月初，广州起义的枪声打响了。当时杨广负责协助苏维埃秘书长恽代英工作，为他做白话翻译，并协助收发枪支弹药等物资。起义失败后，反动派到处搜捕共产党人，连藏有红领巾、红布的都不放过，甚至发现脖子上染有红色的也要抓走（因下雨，起义军的红巾标志褪色）。杨广躲了两天，待风声小点后乘船到达香港，见到了恽代英等省

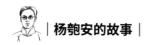

领导。按照组织的安排，22 岁的杨广和 20 岁同是交通员的程宛芳结成夫妻。而他们在薄扶林道上的"家"也成了交通站。1929 年，根据省委"化整为零、保存力量"的指示，他改名"杨青山"到中山教书，参加秘密党支部活动。1931 年，他所在的党支部书记潘兆銮以及堂兄杨匏安等先后被捕遇难。后来，杨广在地下党组织安排下打入国民党军队和肇庆警察局。中华人民共和国成立前夕，杨广和妻子返回家乡南屏北山小学教书，并与地下党取得联系，投入征粮支前工作。中山解放后，党组织还曾通知他写报告重新入党。他是政协珠海市第一、第二届委员会委员。

杨士曼，杨匏安之叔，受杨匏安影响走上革命道路，1924 年初加入中国共产党。国共第一次合作期间，他在国民党中央组织部任杨匏安的秘书，曾从事农民运动和党的地下工作。

杨少琴，珠海北山村杨麒祥之女，杨匏安的堂妹，霍志鹏的妻子，是党派驻上海的地下工作者。其爱人霍志鹏，广东南海县（现为佛山市南海区）人，中共党员。大革命失败后，他是党派驻上海的地下工作者。中华人民共和国成立前，他在上海南洋烟草公司做工。白色恐怖时期，他在上海经常为党秘密传递文件信件，冒险掩护党内领导同志。

杨匏安的亲属无论是在秘密战线还是在人民军队中，都在各自的战斗岗位和工作岗位上为中华人民共和国的成立和建设作出了贡献。他们没有玷污烈士的英名。

2

廉洁奉公，共产党人楷模

杨匏安在追求进步思想、投身革命直至为党和人民献出宝贵生命的光辉岁月中，其人格魅力，无私无畏的英雄气概，贫贱不移、威武不屈的高尚品格，"忠贞不可忘"的革命精神在他的家人中得以传承和发扬。杨匏安平时严格要求家人，注重子女品格教养，形成了良好的家风。

根据杨文伟回忆，有一年中秋节有人送来几盒月饼，没有留下姓名住址就走了。父亲回来看到后十分生气，一定要家里人探清来处，把月饼退回去。又有一次，省港罢工委员会在杨家祠发放一笔捐款，草袋里剩下一枚两毛钱的硬币，被我们捡到了。父亲发现后对我们说："这是公家的钱，一分一文都不能要。"吩咐我们把这两毛钱立刻送到罢工委员会去。这两件小事，在我们心中留下很深的记忆。周恩来不止一次对我们说过："你父亲为官清廉，一丝不苟，称得上是模范！"

1918 年杨匏安在广州工作时期，任职于时敏中学，由于教师薪俸无法保证，家庭贫困交加，母亲和妻子靠缝纫、做手工、卖糍粑来维持生活，他经常要在教学之余昼夜写稿帮补家用。据杨匏安亲属回忆，当时，广东省警务厅厅长陈恭受十分欣赏杨匏安的才干，力邀他当秘书，这种"肥缺"，当时许多人欲求不得，而杨匏安却一口拒绝了。杨匏安不愿与陈恭受同流合污，坚辞不就。陈恭受恼羞成怒，利用职权报复，以取缔报馆、不准刊登寒灰（杨匏安笔名）的文章相威胁，杨匏安还是不为所动。

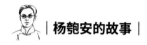

　　1924年秋，中共广东区委成立，杨匏安任区委监察委员，后来又代理国民党中央组织部部长，省港大罢工时还当过广东政府财政部的代表，掌管一定的权力和大量钱财，因此免不了有些人找上门来，要求介绍工作，安排职务。对这些问题，父亲总是坚持秉公处理，丝毫不讲私情。他常说：做人要脚踏实地，光明磊落。

3

研究颂扬，英烈丰碑永存

党和人民也没有忘记杨匏安。1986 年，为纪念杨匏安烈士 90 周年诞辰，珠海市委、市政府隆重举行"纪念杨匏安同志诞辰 90 周年大会"，同时还举办纪念杨匏安 90 周年诞辰学术研讨会。同年 11 月，珠海市委、市政府为其竖立塑像。塑像由著名雕塑家潘鹤创作，耸立于海滨北路的香炉湾畔。

1996 年，杨匏安诞辰 100 周年之际，中山大学历史系李坚编辑出版了《杨匏安文集》。同年，上海龙华烈士陵园为杨匏安建立墓碑，还在陵园碑亭中刻下了杨匏安的就义诗。1996 年 10 月 23 日，珠海市委举行纪念杨匏安 100 周年诞辰报告会。1999 年，李坚编辑出版了《杨匏安史料与研究》，书中收录了许多珍贵的史料，亲历者的口述、回忆材料，以及各类研究文章，成为后学研究杨匏安的基础资料。

2003 年，珠海市将原北山小学改名为"珠海市香洲区杨匏安纪念学校"。2006 年，珠海市举行纪念杨匏安烈士 110 周年诞辰研讨会。2008 年珠海市社会科学界联合会编辑出版了《杨匏安研究文选》。一批学者先后为杨匏安写传，进一步拓宽了研究的广度和深度。

2003 年 1 月，由李坚主编的《杨匏安传论稿》，在《广东党史资料丛刊》2003 年第 1 期出版。

2006 年，珠海市博物馆举办了"中国革命人物'珠海三杰'——杨匏安、苏兆征、林伟明大型图片展"。

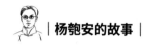

2008 年 9 月，珠海市社科联与杨匏安研究会主编的《杨匏安研究文选》由珠海出版社出版发行。

2008 年 10 月，广东省社会科学院黄明同老师和研究生张俊尤所著《启蒙思想家·革命家杨匏安》出版。

2009 年 11 月 5 日，在上海举行了纪念杨匏安 113 周年诞辰专题研讨会。

2018 年 12 月 15 日，珠海杨匏安陈列馆（新馆）开馆、展出了杨匏安的成长史、生平事迹及其著名作品等内容，成为珠海市开展党员干部主题教育的重要场所和爱国教育基地。

此时，广州的杨家祠作为杨匏安曾经生活和战斗多年的地方，也逐渐引起人们的重视。2018 年 12 月 7 日，广东省人民政府召开保护修缮杨家祠工作会议，决定从省政府城乡资源保障工作专项经费中拨出经费用于开展杨家祠保护工程。2019 年 4 月 30 日，杨匏安旧居陈列馆开馆仪式在广州市越秀区越华路 116 号杨家祠举行。在开馆仪式上，杨匏安四子杨文伟用钥匙开启旧居陈列馆大门，宣告杨匏安旧居陈列馆正式对外开放，尘封的历史得以重现于世人面前。7 月，由中共三大会址纪念馆负责管理杨匏安旧居陈列馆，红色故事仍在续写。同年，南粤古驿道研究课题组编辑出版了《重返杨匏安烈士在广州的历史时空》一书，图文并茂地展示了杨匏安在广州学习、生活、工作的轨迹。

2021 年 6 月由广东人民出版社出版、张金梅老师著的《杨匏安》一书发行。

2021 年 12 月由暨南大学出版社出版、门晓琴老师著的《杨匏安——从博学书生到人民英烈》一书发行。

结　语

　　"砍头不要紧，只要主义真。"这首就义诗，就是共产党人坚定信仰的真切表达。政治上的坚定、思想上的坚定，离不开理论上的坚定。广东这片红色热土，不仅是近代民主革命的策源地，也是国内最早传播马克思主义、最早成立共产党早期组织的省份之一。在新民主主义革命的漫长历程中，广东党组织在中共中央的领导下，发动、组织和领导广东人民开展了一系列广泛而深远的革命斗争。杨匏安正是这股时代洪流中的弄潮儿。

　　杨匏安，无愧为华南地区新文化运动和传播马克思主义的先驱，更是将马克思主义信仰化作自身坚贞不屈精神品质的模范。2021年，习近平总书记在庆祝中国共产党成立100周年大会上的讲话中谈道："一百年前，中国共产党的先驱们创建了中国共产党，形成了坚持真理、坚守理想，践行初心、担当使命，不怕牺牲、英勇斗争，对党忠诚、不负人民的伟大建党精神，这是中国共产党的精神之源。"杨匏安一生的所思所行，正是伟大建党精神的真实写照。

　　百年风云变幻，如今中华民族迎来了从站起来、富起来到强起来的伟大飞跃，实现中华民族伟大复兴进入了不可逆转的历史进程！沧海桑田的背后，是从"一辆汽车、一架飞机、一辆坦克、一辆拖拉机都不能造"到神舟"飞天揽月"、蛟龙"入海捉鳖"，中国车、中国桥、中国路乃至国家

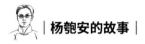

治理体系和治理能力现代化等一系列伟大跃升中的责任担当。

历史川流不息，精神代代相传。以伟大建党精神为源头的中国共产党人精神谱系，跨越时空、历久弥新，集中体现了党的坚定信念、根本宗旨、优良作风，凝聚着中国共产党人艰苦奋斗、牺牲奉献、开拓进取的伟大品格，深深融入我们党、国家、民族、人民的血脉之中，为我们立党兴党强党提供了丰厚滋养。我们党之所以历经百年而风华正茂、饱经磨难而生生不息，就是凭着那么一股革命加拼命的强大精神。

全面建设社会主义现代化国家，是一项伟大而艰巨的事业，前途光明，任重道远。今天，我们学习杨匏安的事迹，学习他的精神品质，也就是在体悟伟大建党精神。以伟大建党精神为源头的中国共产党人精神谱系是中国共产党人追求真理、揭示真理、笃行真理光辉历程的集中体现。

中华民族伟大复兴，绝不是轻轻松松、敲锣打鼓就能实现的。越是接近民族复兴越不会一帆风顺，越充满风险挑战乃至惊涛骇浪。新征程上，要大力弘扬以伟大建党精神为源头的中国共产党人精神谱系，使之转化为全面建设社会主义现代化国家的强大精神力量，全力战胜前进道路上各种困难和挑战，依靠顽强斗争打开事业发展新天地。

参考文献

[1] 张金梅 . 杨匏安 [M]. 广州：广东人民出版社，2021.

[2] 黄明同，张俊尤 . 启蒙思想家·革命家杨匏安 [M]. 广州：广东人民出版社，2008.

[3] 南粤古驿道研究课题组主编 . 重返杨匏安烈士在广州的历史时空 [M]. 广州：中山大学出版社，2019.

[4] 杨匏安 . 杨匏安文集 . 李坚编 [M]. 北京：中央文献出版社，1996.

[5] 董奇 . 杨匏安画传 [M]. 上海：上海人民出版社，2021.

[6] 门晓琴 . 杨匏安——从博学书生到人民英烈 [M]. 广州：暨南大学出版社，2021.

杨匏安生平年表

1896 年

11 月 6 日（农历十月初二），出生丁广东香山县南屏乡北山村。1903 年 7 岁入读恭都学堂。

1908 年 12 岁

杨匏安小学毕业，考入广东高等学堂附中。

1912 年 16 岁

从省立第一中学（原广东高等学堂附中，辛亥革命后改为省立第一中学，今广雅中学）毕业，在家乡恭都学堂任教。

1914 年 18 岁

因揭发恭都学堂校长贪污，被诬陷入狱，出狱后与堂叔杨章甫赴日本横滨半工半读。

1915 年 19 岁

在日本横滨艰苦攻读，结识潘雪箴一家。

1916 年 20 岁

从日本返回国内，与吴佩琪完婚。

1917 年 21 岁

到澳门当家庭教师，在《东方杂志》发表《原梦》。

1918 年 22 岁

全家迁往广州，居住在杨家祠，任教于时敏中学，兼任《广东中华新报》记者。

1919 年 23 岁

在广州投身新文化运动，相继发表《青年心理讲话》《美学拾零》等文，介绍新文化。发表《马克斯主义（一称科学社会主义）》一文，系统传播马克思主义学说。

1921 年 25 岁

加入中国共产党，为广东最早的党员之一，积极投身于青年运动和工人运动。

1922 年 26 岁

负责的广东社会主义青年团机关刊物《青年周刊》正式出版。发表了《〈青年周刊〉宣言》《马克斯主义浅说》和《无产阶级与民治主义》。任中国社会主义青年团广东区委员会代理书记。

1923 年 27 岁

参加对国民党的改组工作。

1924 年 28 岁

任中共广东区委监察委员会委员、国民党中央组织部秘书。

1925 年 29 岁

当选国民党广东省党部执行委员会常务委员兼组织部部长，参与组织发动省港大罢工。

1926 年 30 岁

出席国民党第二次全国代表大会，当选国民党第二届中央执行委员会

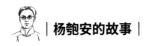

委员、常务委员、组织部秘书，后代理组织部部长。

1927 年 31 岁

出席中国共产党第五次全国代表大会，当选中央监察委员会委员并任副主言，同年 8 月 7 日，参加八七会议。去南洋执行任务。

1928 年 32 岁

回国后在上海从事党的地下工作，负责中共中央党报、党刊编辑工作。

1929 年 33 岁

编译出版《西洋史要》。

1930 年 34 岁

因《红旗》报印刷机关遭破坏受牵连被捕入狱 8 个月，经组织营救出狱。任中央农民部副部长，编译出版《地租论》。

1931 年 35 岁

因叛徒出卖被捕，英勇就义于上海龙华。

后　记

　　2022 年，受中国华侨出版社委托，我们团队着手编写第二部侨界杰出人物——《杨匏安的故事》。杨匏安是华南地区系统传播马克思主义的先驱，其事迹在南粤大地广为流传。随着近年来对本地红色文化资源开发研究热度的不断提升，涌现出了一批详尽、深入的杨匏安研究理论成果。我们团队在前期文献研究的基础上，把本书定位为重在普及性，融入文学性、理论性，以时间为脉络，通过对杨匏安事迹的介绍及其作品的文本分析，重现风云变幻的大时代下，以杨匏安为代表的海外留学青年追求真知，并为真理献身的崇高气节和爱国情怀。

　　近代中国以来，从器物层面、制度层面再到思想层面，仁人志士不断寻求救国方案。面对此前的种种"主义"，青年毛泽东一针见血地指出："理论上说得好听，事实上是做不到的。"中国共产党的成立，之所以是开天辟地的大事变，不仅仅在于中国革命有了坚强的领导力量，还在于为近代以来的救亡图强指明了正确方向和正确道路。

　　真理的味道是甜的，探寻真理的过程却需要坚定的信念、英勇的付出。谨以此书致敬在推动中华民族伟大复兴的历史进程中孜孜探索、舍身奉献的先驱们！知史而明志，资古以鉴今。重温先人事迹，心中会凝聚更多正能量，启发后来者接过历史的接力棒，在复兴之路上坚定前行。

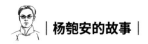

成书过程中，我们借鉴了部分已有的成熟研究成果。在此感谢杨匏安研究的专家、学者的辛勤劳动，如有本书借鉴了的成果而又没有一一标明的，敬请谅解，一并致谢。

萧丽容、李梓烽

于江门职业技术学院

2023 年 2 月